I0536108

MARCO POLO INSIDER-TIPPS:
Von unserem Autor für Sie entdeckt

MARCO POLO HIGHLIGHTS:
Alles, was Sie auf Rügen kennen sollen

 **HIER HABEN SIE EINE SCHÖNE AUSSICHT**

 **WO SIE JUNGE LEUTE TREFFEN**

PREISKATEGORIEN

Hotels		**Restaurants**	
€€€	über 110 Euro	€€€	über 15 Euro
€€	75–110 Euro	€€	10–15 Euro
€	bis 75 Euro	€	bis 10 Euro

Die Preise gelten für zwei Personen im Doppelzimmer mit Frühstück in der Hochsaison.

Die Preise beziehen sich auf ein Hauptgericht ohne Vor- und Nachspeise und ohne Getränke.

KARTEN

[104 A1] Seitenzahlen und Koordinaten für den Reiseatlas Rügen

Karten zu Binz, Göhren, Schlosspark Putbus und Stralsund finden Sie im hinteren Umschlag.

Zu Ihrer Orientierung sind auch die Orte mit Koordinaten versehen, die nicht im Reiseatlas eingetragen sind.

GUT ZU WISSEN

MARCO ✦ POLO

Rügen

Hiddensee
Stralsund

Reisen mit **Insider Tipps**

W0041852

Diesen Reiseführer schrieb Bernd Wurlitzer.
Er lebt als freier Journalist im Osten Ber-
lins, ist Autor zahlreicher Bücher und weilt
seit Jahrzehnten regelmäßig auf Rügen.

marcopolo.de

Die aktuellsten Insider-Tipps finden Sie unter
www.marcopolo.de, siehe auch Seite 98

MAIRS GEOGRAPHISCHER VERLAG

INHALT

Die wichtigsten
MARCO POLO Highlights

Sehenswürdigkeiten, Orte und Erlebnisse, die Sie nicht verpassen sollten

 Störtebeker-Festspiele
Freiluftspektakel in Ralswiek mit rund 120 Darstellern, 20 Pferden, vier Schiffen und Feuerwerk (Seite 25)

 Rügen Park
Mit der Parkbahn Emma zu den bekanntesten Bauwerken Rügens und der Welt (Seite 29)

 Rasender Roland
Mit Dampf und Pfeifen durch Wiesen, Felder und Wald zuckeln (Seite 33)

 Theater Putbus
In der einstigen Fürstenloge können Sie sich wie Rügens berühmter Regent fühlen (Seite 34)

 Binz
Herausgeputzte Bäderarchitektur in unvorstellbarer Vielfalt (Seite 40)

 Jagdschloss Granitz
Nach 154 Stufen auf der Wendeltreppe gibt es zur Belohnung einen spannenden Rundblick (Seite 43)

 Prora
Museumsmeile in der unvollendeten Ferienstadt (Seite 44)

Rohrgedeckte Häuser im Fischerdorf Vitt

Jagdschloss Granitz

 8 **Seebrücke Sellin**
Über den Ostseewellen
spazierengehen oder im
Palmengarten bzw.
Kaiserpavillon essen und
trinken (Seite 48)

 9 **Kap Arkona**
Drei Türme dürfen auf
Deutschlands Nordkap
bestiegen werden (Seite 61)

 10 **Vitt**
Dörfchen mit 13 rohrgedeckten Häusern, einer Kneipe und
einer Kapelle (Seite 63)

Steilküste aus Kreide

 11 **Nationalpark Jasmund**
Natur pur mit Mooren,
Orchideen, Kreidefelsen,
Seeadlern und dem
Herthasee (Seite 66)

 12 **Gerhart-Hauptmann-
Gedenkstätte**
Dem auf Hiddensee beerdigten
Nobelpreisträger in seinem
Sommerhaus ins Arbeitszim-
mer schauen (Seite 71)

 13 **Leuchtturm**
Wetterfrosch Jörg
Kachelmann hat Hiddensees
Wahrzeichen deutschlandweit
bekannt gemacht (Seite 72)

 14 **Deutsches Meeresmuseum**
Meeresbewohner aus
aller Welt tummeln sich in
Schaubecken mit 300 000
Litern Seewasser (Seite 81)

 15 **Hansedom**
Deutschlands größter Bade-,
Saunen- und Sportkomplex in
Stralsund (Seite 82)

 Die Highlights sind in der Karte auf dem hinteren Umschlag eingetragen

Entdecken Sie Rügen!

Deutschlands größte Insel bietet eine Landschaft wie aus dem Schatzkästlein der Natur

Rügen schüttet ein Füllhorn von Schönheiten über seine Gäste aus: feine Sandstrände und aus der Ostsee aufragende Kreidefelsen, zerklüftete Bodden und dunkle Buchenwälder, schattige Alleen, winzige Dörfer mit rohrgedeckten Häuschen sowie quirlige Seebäder, in denen den Gast Noblesse erwartet. Und darüber ein weiter Himmel, der alles miteinander verbindet.

Im Frühsommer blüht der Raps

Deutschlands größte Insel verblüfft mit ihren Kontrasten. Überall auf Rügen riechen Sie das Meer, kein Ort liegt weiter als 7 km vom Wasser entfernt. Das Wasser um Rügen und Hiddensee gehört mit zum saubersten, das die Ostsee zu bieten hat. Ebbe und Flut gibt es hier nicht. Die Insel bietet sich wie ein großer, naturbelassener Garten dar. Und das wird so bleiben! Denn die schönsten Ecken Rügens gehören zu den Nationalparks Jasmund und Vorpommersche Boddenlandschaft sowie zum Biosphärenreservat Südostrügen.

Die raue Insellandschaft hat die Rüganer, wie sich die Alteingesessenen nennen, geprägt. Vorschnelle Worte und rasche Enscheidungen liegen ihnen nicht, alles gehen sie mit einer gewissen Gelassenheit an. »Dat geit all nicht so fix«, lautet ein oft gehörter Einwand. Deshalb hält sie mancher Binnenländer für widerborstig und phlegmatisch, und das wiederum führt dann zu noch größerer Zurückhaltung. Sind die Rüganer aber einmal aufgetaut und haben Sie ihr Vertrauen gewonnen, erweisen sie sich als gute und zuverlässige Freunde. Gute Gastgeber sind sie allemal!

In Göhren, Sellin, Binz und Sassnitz laden die nach der Einheit wieder entstandenen Seebrücken zum Spazieren über die Ostseewellen ein. Am Morgen treffen sich hier die Frühaufsteher, um die Sonne als glutroten Ball aus dem Meer aufsteigen zu sehen. Doch die Juwele der Seebäder sind die Villen und Pensionen im Stil der Bäder-

In Binz steht diese stattlich-mondäne Villa

Geschichtstabelle

um 600 Slawische Ranen kommen nach Rügen

1168 Eroberung der Jaromarsburg auf Arkona durch die Dänen, der Rügenfürst wird Vasall des Dänenkönigs

1370 Friede von Stralsund: Der Dänenkönig muss seine Vorherrschaft über den Ostseeraum aufgeben

1648 Schweden bekommt im Westfälischen Frieden Vorpommern mit Rügen, Hiddensee und Stralsund zugesprochen

1815 Das nördliche Vorpommern mit Rügen und Hiddensee wird preußisch

1816 Fürst Wilhelm Malte I. zu Putbus gründet Rügens erstes Seebad

1872 Nach einer schweren Sturmflut werden erste Teile des berühmt gewordenen Hiddenseer Goldschmucks gefunden

1898 Eröffnung der Post- und Passagierdampferlinie zwischen Sassnitz und Trelleborg (Schweden)

1912 Beim Einsturz eines Teils der Binzer Seebrücke sterben 14 Menschen. Daraufhin wird 1913 die Deutsche Lebens-Rettungs-Gesellschaft (DLRG) gegründet

1936 Der erste Zug fährt über den neuen Rügendamm

1945 Die Rote Armee besetzt die Insel, Aufteilung des Großgrundbesitzes in Neubauernstellen, Bildung des Landes Mecklenburg-Vorpommern

1946 Erste und bis 1990 einzige freie Wahlen

1952 Auflösung der Länder in der DDR; Rügen, Hiddensee und Stralsund kommen zum Bezirk Rostock

1986 Aufnahme des Fährbetriebs zwischen Neu Mukran und Klaipeda (früher Memel)

1990 Beitritt der DDR zur Bundesrepublik Deutschland am 3. Oktober; Rügen, Hiddensee und Stralsund gehören zum Bundesland Mecklenburg-Vorpommern

1993 Die damalige Bundestagspräsidentin eröffnet das erste Teilstück der Deutschen Alleenstraße von Sellin nach Stralsund

1995 In der Nacht vom 3. zum 4. November verwüstet die schwerste Sturmflut der letzten 40 Jahre große Küstenbereiche, die Landabbrüche betragen bis zu 10 m

1998 Die mit 394 m längste und schönste Seebrücke Rügens wird in Sellin eingeweiht

1999 Der Hansedom, Deutschlands größter Pool-, Saunen- und Sporthallenkomplex, öffnet in Stralsund

2001 Das Kurhaus Binz, eines der markantesten Bauwerke der Insel, wird nach Modernisierung wieder eröffnet

architektur. Mit ihren hölzernen Veranden, putzigen Dachaufbauten und griechischen Säulen schauen sie noch so aus wie zu Kaiser Wilhelms Zeiten und geben den Orten ein eigenes, unverwechselbares Gesicht. Was als Bäderarchitekur bezeichnet wird, ist ein Mix der verschiedensten Stile: Barock und Klassizismus, Alpenhaus und griechischer Tempel, verschnörkelte Türmchen, reich verzierte Balkone und Veranden aus Holz. Zu DDR-Zeiten zerbröselten die filigranen Schnitzereien der Veranden und Balkone, und das Mobiliar der Zimmer verkam. Der organisierte DDR-Massentourismus, der den Zimmern 365 Tage im Jahr Gäste bescherte, hatte seine Spuren hinterlassen. Nach der Wende wurden die Pensionen und Hotels vom Keller bis zum Dach aufwändig restauriert und modernisiert. Die Arbeiten waren oft kostspieliger als Neubauten,

» Verschnörkelte Türmchen, reich verzierte Balkone «

denn vielfach standen die Denkmalpfleger neben den Bauarbeitern. Jüngstes Beispiel ist das Hotel Kurhaus in Binz, das seit der Jahreswende 2001/2002 wieder im kaiserlichen Glanz erstrahlt. 30 Mio. Euro wurden investiert. Das Geld sollen Gäste wieder einspielen, die bereit sind, für die Suiten mit Meeresblick 800 Euro pro Nacht auszugeben. In den exponierten Lagen der Seebäder haben die Zimmer ihren Preis. Wenn Sie den nicht zahlen können oder möchten, weichen Sie ins Hinterland aus. Hier erwarten Sie auch modernisierte Häuser, aber mit Zimmern zu einigermaßen moderaten Preisen.

Das Tourismuskonzept der Rüganer sieht vor, den Inselgästen Ruhe und Erholung zu bieten. Also kein Rambazamba bis zum frühen Morgen: Die Diskotheken und Nachtbars sind an den Fingern einer Hand abzuzählen, und für die

Sind diese bunten Gebilde vielleicht die Strandkörbe unserer Zeit?

Kneipen, in denen bis zum frühen Morgen geklönt wird, reichen die der anderen.

Doch ausgiebig schlafen, lesen, wandern, radeln und richtig gut essen ist für viele zu wenig. Deshalb werden die Angebote zum Surfen und Angeln, Reiten und Golfen reichlich genutzt, und an den Wochenenden haben die Neptun-, Strandkorb- oder Fischerfeste Zulauf: Irgendwo findet garantiert eins statt. Immer mehr Gäste kommen auch auf die Insel, um etwas für ihre Gesundheit zu tun, um die Seele baumeln oder die Alltagsprobleme wegpusten zu lassen. Die Wellnesswelle hat mittlerweile auch Rügen erreicht, und auf die wohl tuenden Rügener Heilkreideanwendungen schwören bereits viele.

Keine deutsche Insel wurde wohl so oft beschrieben und gemalt wie Rügen. Zu besonderen Ruhm gelangten die Bilder des Romantikers Caspar David Friedrich und die Worte des großen Erzählers Theodor Fontane, der seine Effi Briest nach Rügen zur Erholung reisen ließ. Denn Rügen ist nicht nur schön, Rügen hat auch Geschichte. Stumme Zeugen dafür sind die 4000 Jahre alten Großsteingräber, wie sie in dieser Menge auf so engem Raum keine andere Region Europas vorweisen kann, die Reste der slawischen Burgwälle in Garz und auf Kap Arkona oder die jahrhundertealten Kirchen mit beachtenswerten Ausstattungsstücken. Zu Rügens Geschichte gehört auch Klaus Störtebeker, der legendäre »Robin Hood der Ostsee«. In Ruschvitz bei Sagard soll er geboren sein, und in

> **Rügen ist nicht nur schön, es hat auch Geschichte**

Ralswiek, heißt es, habe er einen seiner Schlupfwinkel besessen. Grund genug für die Rüganer, den Freibeuter für sich zu vereinnahmen. Im Sommer wird fast allabendlich zu den Störtebeker-Festspielen geladen, die sich zu einem bundesweit beachteten Spektakel entwickelt haben. Jährlich nehmen rund 300 000 Besucher in der Freilichtbühne von Ralswiek Platz, der Große Jasmunder Bodden bildet die prächtige Kulisse.

Im Geschichtskalender des 19. Jhs. nimmt das auf dem Reißbrett entworfene Putbus den bedeutendsten Platz ein. Es ist die letzte planmäßig angelegte Residenzstadt Nordeuropas, die mit weiß getünchten klassizistischen Häusern und einem wunderschön restaurierten Theaterchen aus der Fürstenzeit fasziniert. Ganz anderes konzipierten die Nationalsozialisten reichlich hundert Jahre später: Sie wollten das größte Urlauberzentrum der Welt schaffen, 20 000 Betten waren geplant. In Prora begannen sie hinter den Dünen einen gigantischen, fast 5 km langen Betonklotz hochzuziehen. Der Zweite Weltkrieg beendete die Arbeiten. Zurück blieb der Torso einer Bettenburg. Was damit werden soll, steht nach wie vor in den Sternen.

Vom Ernst-Moritz-Arndt-Turm auf dem Rugard, dem Turm des Jagdschlosses Granitz und von den Türmen auf Kap Arkona blicken Sie bis nach Hiddensee, dem Inselchen westlich von Rügen, von den Einheimischen liebevoll »dat söte Länneken« (das süße Ländchen) genannt. Der Schriftsteller Gerhart

Hauptmann, viele Jahre Sommergast auf Hiddensee und auch dort begraben, äußerte 1899: »Hiddensee ist eins der lieblichsten Eilande, nur stille, stille, dass es nicht etwa ein Weltbad werde!« An der Wende zum 20. Jh. begann zwar die touristische Zeit, doch Hiddensee konnte seine Idylle bewahren: keine Tennisplätze und Minigolfanlagen, kein Hallen- oder Freibad, keine Diskothek, keine Glitzerboutiquen, Privatautos sind seit 1927 verboten. Wohl fühlt sich auf der naturbelassenen Insel, wer Hektik und Zeit entsagen kann, wer es nicht verlernt hat, sich mit sich selbst zu beschäftigen.

Das Tor zu Rügen ist Stralsund, eine Stadt voller kulturhistorischer Schätze an der Meerenge Strelasund. »Meerstadt ist Stralsund«, schrieb die Schriftstellerin Ricarda Huch, »vom Meer erzeugt, dem

> **Das Tor zu Rügen ist Stralsund**

Meer ähnlich, auf das Meer ist sie bezogen in ihrer Erscheinung und Geschichte.« Durch die Lage am Meer ist Stralsund emporgewachsen, vor allem aber durch die Mitgliedschaft im mächtigen Hansebund. Der Glanz von damals beeindruckt noch heute in der historischen City. Die Stadt, in deren Hafen jährlich Hunderte von Schiffen festmachen, pflegt ihre Seefahrtstraditionen: Die vor 500 Jahren gegründete Schiffer-Compagnie zeigt die wichtigsten Zeugnisse der maritimen Vergangenheit, und die Stralsunder Segelwoche zieht Tausende von Besuchern an.

Immer mehr Gäste kommen jährlich nach Rügen. Die einen lockt die Natureinsamkeit, die anderen die Bädernoblesse. Rügen gehört mit Hiddensee und Stralsund wieder zu den Topadressen in der deutschen Ferienlandschaft.

Wer Hiddensee erfahren will, benutzt am besten das Rad

Bernstein, Kraniche und der Robin Hood der Ostsee

Allerlei Interessantes über Bakenberge, Findlinge und einen berühmten Seeräuber

Arndt, Ernst Moritz (1769–1860)

Einer der berühmtesten Söhne Rügens, nach dem das Museum in Garz und der Turm auf dem Rugard bei Bergen benannt sind. Aufgewachsen in ärmlichen Verhältnissen, setzte sich Arndt für die Bauernbefreiung ein. Er wurde in Groß Schoritz geboren, besuchte in Stralsund das Gymnasium und studierte an den Universitäten Greifswald und Jena. In Greifswald verlor er 1806 seine Professur, weil er offen gegen die napoleonische Fremdherrschaft auftrat. Unermüdlich bekannte sich Arndt, so als Abgeordneter 1848 in der Frankfurter Nationalversammlung, zur deutschen Einheit.

Bakenberg

Die Landkarte Rügens verzeichnet mehrere Bakenberge: am Nordstrand von Wittow (28 m), bei Nardevitz auf Jasmund (111 m), nördlich von Vilmnitz (46 m) und bei Groß Zicker auf Mönchgut (65 m). Die Erhöhungen erhielten ihren Namen von Baken, die einst der

Ein Haus wird mit Rohr gedeckt

Seefahrt als Orientierungszeichen dienten. Nachts brannten auf den Bakenbergen Pechfeuer.

Bernstein

Etwa 40 Mio. Jahre alt sind die kleinen weingelben bis rötlichen Stücke, über die das neue Bernsteinmuseum in Sellin informiert. Das Bernstein genannte erhärtete Harz vorzeitlicher Nadelbäume lässt sich bohren, sägen und schleifen, es brennt mit heller, stark rußender Flamme. In der Zeit des Barocks war Bernstein ein begehrtes Diplomaten- und Hochzeitsgeschenk der Fürstenhöfe.

Fauna und Flora

In der Stubnitz und Granitz gibt es noch natürliche Buchenwälder. Teilweise üppig wächst der Sanddorn, dessen orangerote, vitaminreiche Früchte von den Einheimischen zu Saft und Marmelade verarbeitet werden. Unter Naturschutz stehen der Meerkohl, eine bis zu 70 cm buschartig verzweigte Pflanze, und die bis zu 40 cm hoch werdende Stranddistel mit kugelartigen Blüten. Am Strand findet man die stark gerippten

Typisch für Rügens Flora sind herrliche Alleenbäume

Schalen der Herzmuschel, die flachen, rosafarbenen der Baltischen Plattmuschel und die der dünnwandigen ovalen Sandklaffmuschel. Die schwarzen Schalen der Miesmuschel glänzen auf der Innenseite perlmuttartig. Möwen kommen fast überall vor, meist die an ihrem roten Schnabel erkennbare Lachmöwe. In der Ostsee fangen die Fischer Dorsch, Flunder und Hering, in den Boddengewässern Hecht, Barsch, Aal und Zander. Zur Fauna Rügens gehören auch Reh, Rotwild, Damwild und Wildschwein.

Findlinge

Die Eiszeiten haben mächtige Felsbrocken hinterlassen, Findlinge genannt. Der größte Geschiebeblock Nordeuropas liegt 200 m nordöstlich vom Göhrener Strand im Meer. Der Buskam genannte Stein hat eine Größe von 600 m³, sein Gewicht beträgt 1926 t. Die aus dem Meer herausragende Oberfläche besitzt einen Umfang von 40 m. Rügens zweitgrößter Findling ist mit 180 m³ und

600 t Gewicht der Große Stein 300 m östlich von Nardevitz. An dritter Stelle rangiert der 65 m³ große und 175 t schwere Stein von Blandow, der westlich von Lohme liegt. An vierter Stelle liegt der 61 m³ große Siebenschneiderstein, dessen Gewicht 165 t beträgt. Er ist etwa 700 m nordwestlich von Kap Arkona zu finden.

Friedrich, Caspar David (1774–1840)

Friedrichs um 1818 entstandenes Gemälde »Kreidefelsen auf Rügen« besitzt Weltruhm. Entgegen anderslautenden Behauptungen zeigt das Bild aber nicht die Wissower Klinken, sondern die Viktoria-Sicht. Das belegen eindeutig von Friedrich gefertigte Skizzen. Ein Vergleich ist aber heute nicht mehr möglich, denn die Natur hat in den vergangenen zwei Jahrhunderten unablässig an der Kreideküste modelliert. Der in Greifswald geborene bedeutende Maler der Romantik hat mit seinen Landschaftsbildern Rügen ins Licht der Öffentlichkeit gerückt. Zwischen 1801 und 1826 hielt sich Friedrich sechsmal auf der Insel auf.

Hanse

Stralsund besann sich nach der Einheit seiner Traditionen und nennt sich seitdem offiziell Hansestadt. Mit dem ersten allgemeinen Hansetag 1356 in Lübeck begann die Entwicklung der Städtehansa. 1370 versammelten sich im Stralsunder Rathaus Vertreter der Hansestädte und zwangen den dänischen König im Frieden von Stralsund, seine Vormachtstellung aufzugeben. Im 14. und 15. Jh., als die mächtige Fernhandelsvereinigung auf dem Höhepunkt ihrer Macht war, zählte sie etwa 130 Städte als Mitglieder. Der letzte Hansetag fand 1669 statt.

Hiddenseer Goldschmuck

1872 und 1874 wurde bei Neuendorf der berühmt gewordene Hiddenseer Goldschmuck gefunden. Bis heute blieb ungeklärt, ob die furchtbare Sturmflut von 1872 den Schmuck aus dem Sand freigespült hat oder ob er von einem gestrandeten Schiff stammt. Aus alten Akten geht hervor, dass die Teile zu unterschiedlichen Zeiten nach Stralsund gelangten. Dort verwahrt das Kulturhistorische Museum die Kostbarkeit im Tresor, gezeigt wird eine originalgetreue Nachbildung. Im Heimatmuseum in Kloster auf Hiddensee ist eine verkleinerte Nachbildung zu sehen.

Inselstatistik

Zum Landkreis Rügen (974 km²) gehören 18 Nebeninseln, von denen einige nur fußballfeldgroß sind. Rügen selbst hat eine Gesamtfläche von 926,4 km². Die Gesamtlänge der Küstenlinie misst 574 km, die größte Ausdehnung von Nord nach Süd beträgt 51,4 km, die von Ost nach West 42,8 km. Die Insel hat 56 km Sand- und 27 km Naturstrand, die Strände an den Bodden messen 2,8 km. Höchste Erhebung ist mit 161 m der Piekberg auf der Halbinsel Jasmund, gefolgt vom Kreidefelsen Königsstuhl mit 117 m. Rügen mit seinen 77 000 Einwohnern ist fast viermal so groß wie die Mittelmeerinsel Malta und zehnmal größer als Sylt. Die Größe der westlich vorgelagerten Insel Hiddensee beträgt 18,6 km², in der Länge misst sie 16,5 km, die schmalste Stelle beträgt 125 m, die breiteste 3750 m. Die durch eine Brücke mit Rügen verbundene Insel Ummanz ist 19,7 km² groß.

Kosegarten, Ludwig Gotthard (1758–1818)

Der Pfarrer von Altenkirchen wurde durch seine Uferpredigten für die Fischer und die auf seine Initiative hin errichtete Kapelle in Vitt beim Kap Arkona bekannt. Die Tradition der Uferpredigten haben Rügener Pfarrer in den letzten Jahren wieder belebt. Kosegarten, zu seiner Zeit ein viel gelesener Schriftsteller, stand im Briefwechsel mit Goethe, Schiller und Herder. Ab 1808 wirkte Kosegarten als Geschichtsprofessor an der Universität Greifswald; begraben liegt er neben der Kirche in Altenkirchen.

Kraniche

Bis zu 40 000 Kraniche rasten jeden Herbst mehrere Wochen im Nationalpark Vorpommersche Boddenlandschaft und auf Rügen, bevor sie nach Nordafrika weiterfliegen.

Bei der Rückkehr aus den Winterquartieren werden nur Zwischenaufenthalte eingelegt. Tagsüber suchen die Kraniche auf abgeernteten Feldern nach Nahrung, abends fliegen sie in langen Ketten zurück zu ihren Schlafplätzen in den flachen Boddengewässern. Der Graue Kranich, die einzige in Deutschland vorkommende Kranichart, kann bis zu 1,25 m Größe erreichen, seine Flügelspanne beträgt bis zu 2,45 m. Der etwa 25 Jahre alt werdende Vogel ist äußerst scheu, kann sehr gut sehen und hören. Sein schmetternder Ruf ist oft über 2 km zu hören. Durch Lebensraumzerstörungen sind die Kraniche bedroht.

Kreide

»Weißes Gold« sagen die Rüganer zur Kreide, die seit dem 19. Jh. auf ihrer Insel abgebaut wird. Die erste Schlämmerei nahm 1845 den Betrieb auf. Vor allem bei Sassnitz entstanden zahlreiche Tagebaue, mit dem 20. Jh. begann die industrielle Verarbeitung. Bis zu 500 000 t wurden jährlich auf Schiffe verladen und weithin verschifft. Auch in unseren Tagen benötigt die chemische und pharmazeutische Produktion Kreide. Die Rüganer haben in jüngster Zeit deren Heilwirkung wieder entdeckt. Mehrere Hotels bieten Anwendungen mit »Original Rügener Naturheilkreide« an. Rheumatische Beschwerden, Gelenkentzündungen sowie nervöse und organisch bedingte Verspannungen sollen damit gelindert werden. Kreidepackungsbäder wirken entschlackend, pflegen die Haut und fördern die Durchblutung.

Plattdeutsch

Ältere Rüganer sprechen untereinander noch oft Plattdeutsch. Binnenländern fällt es meist schwer, den Inhalt eines solchen Gesprächs zu verstehen. Nach dem Rückgang des Lateinischen war Plattdeutsch, auch Niederdeutsch genannt, vom 14. Jh. an in Norddeutschland die Verkehrssprache. Ab dem 16. Jh. nahmen der Adel und das Bürgertum das Hochdeutsche an, für dessen Verbreitung Martin Luther mit der Bibelübersetzung einen grundlegenden Beitrag leistete. Das in zahlreiche landschaftlich gebundene Dialekte zerfallende Plattdeutsch blieb noch für Jahrhunderte Umgangssprache der einfachen Menschen.

Rohrdach

Die Häuser der einfachen Menschen waren in der Vergangenheit fast nur mit Rohr gedeckt, niederdeutsch Reet genannt. Wer wohlha-

Gehört zum Bild Rügens: der 1882 in Rostock »erfundene« Strandkorb

bend war und das auch zeigen wollte, ließ sich Ziegel auf das Dach legen. Das Rohr konnten die Fischer und Kleinbauern an den Boddengewächsen selbst ernten, für das Eindecken brauchten sie keine Handwerker. Heute ist es genau umgekehrt: Wer sein Haus mit Rohr decken lässt, muss schon etliches auf dem Konto haben, allein die Versicherungssumme beträgt wegen der erhöhten Brandgefahr ein Vielfaches der eines ziegelgedeckten Hauses. Wird Qualitätsarbeit geleistet, hält so ein Dach länger als 60 Jahre. Der Begriff Reet ist auf Rügen traditionell nicht gebräuchlich.

Seegras

Vor der Küste Rügens existieren auf dem Meeresboden große Seegrasfelder. Starker Seegang reißt die bis zu zwei Meter lang werdenden Pflanzen los und treibt sie an Land. Dort türmen sie sich am Strand oft bis zu halbmeterhohen Wällen auf. An warmen Tagen beginnen die braunen Pflanzen zu verwesen, dabei verbreiten sie einen üblen Geruch. In den Ortslagen der Seebäder wird bei der Strandreinigung, die durch die Kurtaxe finanziert wird, auch das Seegras weggeräumt.

Störtebeker, Klaus

Zwölf Städte und Dörfer beanspruchen den legendären Volkshelden Klaus Störtebeker für sich, den Robin Hood der Ostsee. Einer der Sagen zufolge wurde er in Ruschvitz auf der Halbinsel Jasmund geboren. Störtebeker war einer der Anführer der um 1400 in der Ost- und Nordsee operierenden Freibeuter. 1401 wurde er in Hamburg hingerichtet. Auf Rügen werden Störtebeker 18 Schlupfwinkel nachgesagt, darunter der Hafen von Ralswiek. Die Störtebeker-Festspiele dort erzählen jährlich eine mögliche Geschichte aus dem Leben des Volkshelden.

Frisch vom Kutter in die Restaurantküche

Nicht nur Fisch aus den Boddengewässern und der Ostsee wird auf Rügen variantenreich angeboten

Einfach und deftig: Lange Zeit hatte die Küche Rügens diesen Ruf. Denn in der Vergangenheit kam auf den Tisch der Landarbeiter und Fischerfamilien, was die eigene Wirtschaft und Ostsee und Boddengewässer hergaben. Das waren Kartoffeln, Kohl und Rüben, Schweinefleisch, Geflügel und Fisch. Nicht Leckeres und Zartes war gefragt, sondern das Schwere und Massenhafte, das den Hunger stillte und möglichst lange anhielt. Eine Bereicherung der Inselküche brachte die Schwedenzeit, denn von 1648 bis 1815 gehörte Rügen zu dem skandinavischen Land. Rezepte aus fernen Ländern brachten auch die zur See fahrenden Rüganer mit – und später dann die aus allen Teilen Deutschlands anreisenden Feriengäste.

In den letzten Jahren hat sich Rügens Küche gewandelt. Das »einfach und deftig« stimmt nicht mehr. Gastronomieführer empfehlen immer mehr Restaurants, und immer mehr Köche dürfen sich mit Sternen oder Kochlöffeln schmücken – als Zeichen für eine kreative, schmackhafte Küche. Die Rezepte

Hier wird Räucherfisch frisch aus dem Ofen verkauft

aus Omas Küche sind jedoch nicht verschwunden, sie wurden vielfach aus vergilbten Kochbüchern abgeschrieben und werden nun mit modernen Rafinessen zubereitet. Verarbeitet werden immer mehr regionale Erzeugnisse. So kommen Käse und andere Milchprodukte vom Hofgut Bisdamitz, Kartoffeln von der Rügen Kartoffel GmbH in Poseritz, der Spargel erntefrisch von der Halbinsel Ummanz und das Fleisch von der Rügener Landschlachterei GmbH in Gademow, die garantiert, dass es von auf Rügen geborenen und aufgewachsenen Rindern, Schweinen und Lämmern stammt. Ihren Einfallsreichtum bewiesen einige der Rügener Kochkünstler, die das im Park zu Putbus prächtig gedeihende Zwiebelgewächs Bärlauch wieder entdeckten und in ihren Küchen einsetzen.

Der an die Ostsee gereiste Binnenländer möchte vor allem Fisch essen. Dorsch, Zander, Hecht und Aal schwimmen in der Ostsee und den Boddengewässern reichlich. Fangfrisch vom Kutter wandert der Fisch in die Küchen der Restaurants, die ihn variantenreich zubereiten. Und so können Sie wählen zwischen Aal in Dillsoße,

Spezialitäten auf Rügen

Lassen Sie sich diese Köstlichkeiten gut schmecken!

Rügener Aalsuppe – entgräteter und und in kleine Stücke geschnittener Aal in einem mit Zitronensaft, etwas Weißwein, Salz und Pfeffer abgeschmeckten Sud. In den sind saure Sahne und gehackte Kräuter (Dill, Petersilie) untergerührt.

Labskaus – Ein Mischmasch aus im Fleischwolf durchgedrehter gepökelter Rinderbrust, Kartoffeln, Matjesfilets und eingelegten roten Beten. Mehrere Varianten gibt es von diesem Gericht, doch eins ist immer gleich: jeweils obenauf kommt ein Spiegelei.

Gebratener Hornfisch – in kleine Stücke geschnittener und in heißem Öl gebratener Fisch. Serviert wird er mit Senfsoße, Salzkartoffeln und frischem Salat. Der grätenreiche Hornfisch steht nur wenige Wochen im Frühsommer auf den Speisekarten.

Gespickter Ostseedorsch – In den ausgenommenen Dorsch sind Spalten geschnitten, die mit Speckstreifen gefüllt werden. Der mit Senf eingeriebene Fisch wird mit Weißwein übergossen und auf einem Gemüsebeet gegart. Serviert wird der Dorsch mit geriebenem Meerrettich auf dem Gemüsebeet, dazu werden Pellkartoffeln gereicht.

Klopfschinken – geklopfte und einige Stunden in mit Muskat gewürzter Milch eingelegte, rohe Schinkenscheiben. Bevor sie in Öl goldbraun gebacken werden, werden sie in verquirltem Ei gewendet und das Paniermehl rundherum festgeklopft. Als Beilage gibt es in Butter gebratene Waldpilze, Kopfsalat, gedünstetes Gemüse oder Spargel sowie Salz- oder Pellkartoffeln.

Gefüllter Schweinerücken – ein typisches Gericht für die bei den Einheimischen beliebte süß-saure Geschmacksrichtung. Der Schweinerücken ist mit einer Hackfleischmasse gefüllt, unter die

klein geschnittene Backpflaumen gemischt werden. Der in Scheiben geschnittene Schweinerücken wird mit Kartoffeln, grünen Bohnen oder Apfelrotkohl serviert. Die Soße wird separat gereicht.

Rote Grütze – mit Vanillezucker, Johannisbeer- und Zitronensaft sowie abgeriebener Zitronenschale aufgekochte und mit Stärkemehl zur Grütze gebundene Beeren, beispielsweise Johannisbeeren und Himbeeren. Abgeschmeckt wird mit einer Prise Zimt. Gereicht wird die beliebte Nachspeise mit Vanillesoße.

Aal gebraten, Aal sauer, Aal geräuchert ... Im Frühling laden die Rügener Gastronomen zu den Heringstagen ein, danach zu den Hornfischtagen. Der im Mittelmeer und Atlantik lebende Hornfisch, auch Maiaal genannt, kommt Anfang Mai nur zum Laichen in die Ostsee. Der bis zu 1m lang werdende Fisch ist noch weitgehend unbekannt, obwohl er schmackhaftes Fleisch hat. Die Gräten des Hornfisches färben sich beim Braten oder Kochen grün. Im Herbst gibt es die Kohlwochen, denn Kohl gehört zu Rügen wie der Königsstuhl und das Jagdschloss Granitz. Einst war es vorwiegend die Grünkohlsuppe, die den wöchentlichen Speiseplan der Fischer und Landarbeiter prägte, denn sie ließ sich mehrere Tage aufwärmen. Und als gelungen galt sie, wenn ein Ei darin nicht umfallen konnte. Heute überraschen sogar die Köche der Spitzenrestaurants ihre Gäste mit originellen Kohlspeisen. Zu den meisten Gerichten gehören die Tüfften, wie die Kartoffeln hier genannt werden.

Manches Gericht auf Rügen sagt dem Gast jedoch nicht auf Anhieb zu, da es für fremde Zungen ungewohnt, also gewöhnungsbedürftig ist. Beispielsweise Eintopf oder Braten mit Pflaumen, Äpfeln und Rosinen. Die Einheimischen jedoch mögen die süßsaure Geschmacksrichtung sehr. Wenn Sie die Nase rümpfen, können Sie sicher sein, dass hinter Ihrem Rücken getuschelt wird: »Die weit jo nich, wat schmeckt.« (Der weiß ja nicht, was schmeckt). Aber spätestens beim Nachtisch sind dann alle wieder versöhnt, denn da stimmen die Meinungen überein: Ob Herings- oder Kohlwochen, ob Fisch oder Fleisch – den Abschluss bildet die Rode Grütt (Rote Grütze), die aus roten Früchten hergestellt wird. Die Köstlichkeit mundet besonders gut mit Vanillesoße.

Mittags sind in den Sommermonaten die Restaurants, zum Kummer der Gastronomen, meist leer. Wer zieht sich an warmen Tagen, wenn die Sonne lacht, schon in ein Restaurant zurück? Da wird gern zu einem Fischbrötchen gegriffen, die Fischkutter im Hafen von Lauterbach und im Hafen von Sassnitz sowie die Fischer in Vitt und in Binz haben dann Hochandrang. Am Nachmittag, vor allem auf Hiddensee, wird Ihnen leckerer Sanddornkuchen angeboten. Köstlich auch das Sanddorneis und der Sanddornlikör. Der bis zu 2 m hoch werdende Sanddornstrauch liefert orangerote, sehr vitaminhaltige Früchte. In kleinen Restaurants werden die Sanddornerzeugnisse meist aus selbst gepflückten Beeren zubereitet. Die Rezepte bleiben oft geheim und werden von Generation zu Generation weitergegeben. Wer am Nachmittag nur warmen Apfelstrudel mit Vanillesauce im Angebot hat, den sollten Sie auch am Abend meiden. Er gehört zu den einfallslosen Gastronomen, die es auch auf Rügen noch gibt.

Immer öfter kommen Liköre aus der Ersten Rügener Edeldestillerie in Lieschow auf den Tisch, die ausschließlich Rügener Obst verarbeitet. Ansonsten wird gern Bier getrunken, meist das heimische. Im Winter trinkt man zum Aufwärmen Grog; sollten Sie nach dem Rezept fragen, bekommen Sie gewiss verschmitzt mitgeteilt: Rum muss, Zucker kann, Wasser braucht nicht zu sein.

Vielgestaltiges »Strandgut«

Beliebte Mitbringsel sind das »Gold des Nordens«, Donnerkeile und Hühnergötter

Keiner muss ohne Mitbringsel nach Hause fahren, für jeden Geschmack und Geldbeutel liegt einiges bereit. Hoch in der Gunst steht das »Gold des Nordens«, der Bernstein, der schon den alten Römern sehr gefallen haben soll. Wer mehr ausgeben möchte, wählt eine Nachbildung des berühmten Hiddenseer Goldschmucks. Das Original hat vor tausend Jahren vermutlich eine nordische Fürstin getragen, die Hängekreuze (mit einem stilisierten Vogelkopf als Hauptmotiv) sind kaum länger als sechs Zentimeter. Verschiedene Goldschmiede bieten Verkleinerungen als Brosche, Anhänger oder Ring an. Schöne Keramiken entstehen in Breege, Göhren, Middelhagen und Waase auf Ummanz. Wenn Sie sich für ein Buddelschiff entscheiden, haben Sie etwas Maritimes erworben. In der Flasche, auf Plattdeutsch Buddel, verbirgt sich ein maßstabgerechtes Schiffsmodell. Wie das Schiff durch den schlanken Flaschenhals kommt? Ganz einfach: Die Schiffsteile aus Holz und die Segel aus Papier werden mit Fäden zusammengenäht und als längli-

Auch stilvolle Qualitätskeramik wird auf Rügen hergestellt

ches Paket in die Flasche geschoben. Im Innern richtet sich das Schiff durch Ziehen an den Fäden auf. Die Küstenlandschaft mit Seegang in der Flasche entsteht aus Kitt und Ölfarbe.

Originale Rügenprodukte sind in der Rügener Seekiste verpackt, die es in mehreren Preislagen im Rügenhof Arkona gibt und die auch versandt wird. Die Kiste enthält u. a. hausgemachte Wurst, Frischkäsebällchen im Glas, Honig vom Imker, Rügen-Fisch und Rügen-Salami.

Die wertvollsten Souvenirs dürften aber jene sein, die Sie bei Ihren Strandspaziergängen finden – so wird zum Beispiel Bernstein häufig nach Nordweststürmen zusammen mit Seetang angespült. Oder Sie entdecken ausgefallene Muscheln und vor allem die Donnerkeil genannten versteinerten Skelettreste von urweltlichen Tintenfischen. Hühnergötter sagen die Einheimischen zu Feuersteinen mit einem oder mehreren Löchern. Wer einen solchen findet, kann ein Millionen Jahre altes Stück in sein Reisegepäck legen. Zum Shopping wird nach Stralsund gefahren, in jüngster Zeit öffneten aber auch in Seebädern kleine Boutiquen mit interessanten Angeboten.

Feste, Events und mehr

Piratenabenteuer und Sundschwimmen

Den Gästen der Insel werden zahlreiche Gelegenheiten zum Mitfeiern geboten. Meist sind es Strand-, Fischer- und Neptunfeste.

Feuerwerk in Binz

Einige der Veranstaltungen haben überregionale Bedeutung erlangt; dazu gehören die Störtebeker-Festspiele und das Sundschwimmen. Manches Fest hat eine lange Tradition, so die Stralsunder Wallensteintage. Sie erinnern an den 24. Juli 1628, als die Stralsunder den Truppen Wallensteins

erfolgreich widerstanden. Das Volksfest fand in der Hansestadt bis 1943 regelmäßig statt, 1991 wurde die Tradition neu belebt. Seit 1999 steht auch das Vilm-Schwimmen zwischen der Insel Vilm und Lauterbach wieder im Rügen-kalender. Konzerte finden von Mai bis September in zahlreichen Kirchen statt, die konkreten Termine gibt es bei den Kurverwaltungen.

Feiertage

1. Januar *Neujahr;* **Karnevals-dienstag; Karfreitag; Oster-montag; 1. Mai** *Tag der Arbeit;* **Himmelfahrt; Pfingstmontag; 3. Oktober** *Tag der Deutschen Einheit;* **31. Oktober** *Reformationstag;* **25./26. Dezember** *Weihnachten*

Besondere Veranstaltungen

Mai/Juni
Strandkorbfest: Seit mehr als hundert Jahren bringen die Binzer im Mai ihre Strandkörbe an den Strand. Das ist der Anlass für das heute schönste Volksfest Rügens. Phantasievoll geschmückte Strandkörbe, darunter auch historische, werden im Festumzug durch das Ostseebad gefahren. Die Hoteliers wetteifern um den schönsten Strandkorb. *Am Wochenende nach Himmelfahrt, Binz*

Putbus-Festspiele: vielseitige Konzert- und Theateraufführungen, bei denen regionale Talente ein Podium finden. *Ende Mai, Anfang Juni, Putbus*

Juni

Sundische Tage: Vielfältige Veranstaltungen, die dem Wasser verbunden sind. Fester Bestandteil ist die Stralsunder Segelwoche, die zu überregionaler Bedeutung gelangte. Die Segel der Jollen blähen sich zu den Wettkämpfen *Rund Rügen, Rund Hiddensee* und Regatten auf dem Strelasund. Besonderes Interesse erwecken als Oldtimer die Zeesboote, flachgehende Fischerboote, die einst auf den Boddengewässern eingesetzt wurden. *Anfang Juni, Stralsund*

Juni bis September

★ *Störtebeker-Festspiele:* Jahr für Jahr stürzt sich der legendäre Pirat Klaus Störtebeker am Großen Jasmunder Bodden in neue Abenteuer. Die Stücke erzählen jedes Jahr eine andere mögliche Geschichte aus dem 14. Jh. Die Freilichtbühne in Ralswiek gehört mit 9087 Plätzen zu den ganz großen in Europa. *Störtebeker-Festspiele, Am Bodden 100, 18528 Ralswiek, Tel. 03838/311 00, Fax 31 31 92, www.stoertebeker.de, Ende Juni–Anf. Sept. Mo–Sa 20 Uhr*

Juli

★ *Sundschwimmen:* ein Härtetest für jeden Schwimmer. Das bedeutendste deutsche Langstreckenschwimmen führt von Altefähr auf Rügen über den Strelasund nach Stralsund. *Erster Samstag im Juli, Altefähr, Stralsund*
Wallensteintage: Historienspektakel mit Söldnern und Kanonieren, Händlern, Musikanten und Gauklern zur Erinnerung an den 24. Juli 1638. An diesem Tag gab der berühmte Feldherr des Dreißigjährigen Krieges, Wallenstein, die ergebnislose Belagerung Stralsunds auf. *An einem Wochenende um den 24. Juli, City von Stralsund*

September

Rügener Kabarett-Regatta: Seit 1997 kommen berühmte Künstler auf die Insel und bieten kabarettistischen Hochgenuss. *Putbus und Binz, Informationen: Kleinkunst Rügen e.V., Tel. 03838/302 22*

Insider Tipp

Sundschwimmer unterwegs

Bodden, Wieken und stille Dörfer

Herrliche Alleen führen zu großen und kleinen Sehenswürdigkeiten

Bodden und Wieken zerklüften die Küste von Zentralrügen, hier und dort sind Inseln vorgelagert. Am bekanntesten sind im Süden das Naturkleinod Vilm und im Westen Ummanz, im Frühjahr und Herbst Rastplatz ungezählter Kraniche und Wildgänse.

»Muttland« wird Zentralrügen volkstümlich genannt, die Menschen dort bezeichnen sich scherzhaft als Muttlänner. Im Plattdeutschen heißen die Mutterschweine nämlich Mutten, und da es in Zentralrügen viel Schweinezucht gab, kam es zur Bezeichnung Muttland. Überall gibt es zwischen dem Kubitzer und dem Rügischen Bodden stille Dörfer mit rohrgedeckten Häusern, alten Kirchen und sich hinter Bäumen versteckenden Herrenhäusern. Völlig aus dem Rahmen fällt Putbus, der »weiße Traum« des Fürsten Wilhelm Malte I. Auf dem Reißbrett ließ er seine Residenz im klassizistischen Stil gestalten. Im nahen Lauterbach erinnert das Badehaus Goor an Rügens erstes Seebad. Am besten erkundet sich diese Landschaft mit weiten Feldern zu Fuß oder mit dem Fahrrad.

Diese Kapelle steht in Ralswiek

Störche sind gern gesehene Gäste

BERGEN

[110 B1–2] Das Verwaltungs- und Geschäftszentrum Rügens bildet auch geografisch den Mittelpunkt der Insel. Von Bergen (16 000 Ew.) sind alle Sehenswürdigkeiten Rügens gut zu erreichen. Ihrem Namen wird die Stadt gerecht: Die Straßen steigen zum Markt hin an, und von dort geht es über die Vieschstraße weiter bergauf zum 91 m hohen waldbedeckten Rugard mit dem Ernst Moritz Arndt gewidmeten Aussichtsturm.

SEHENSWERTES

Ernst-Moritz-Arndt-Turm
Die achtzig Stufen nach oben zu steigen lohnt: Der Blick von dem

Blick ins Innere der Marienkirche

27 m hohen Turm auf dem Berg Rugard ist phantastisch, er reicht bis zu den Kirchtürmen von Stralsund. Der Turm wurde als Denkmal für den Rüganer Ernst Moritz Arndt erbaut, finanziert aus Spenden des Volkes. Sogar Kaiser Wilhelm I. stiftete tausend Taler. *Mai–Okt. tgl. 10–18 Uhr*

Marienkirche

Das älteste erhaltene Gebäude der Insel; mit dem Bau begann Rügenfürst Jaromar I. bereits 1185. Der Grabstein in der westlichen Außenmauer neben dem Hauptportal soll der des Bauherrn sein. Die ornamentale Raumausmalung aus dem 13. Jh. wurde 600 Jahre später im historistischen Stil erneuert.

MUSEUM

Stadtmuseum Bergen

Die Geschichte Bergens wird anhand zahlreicher Dokumente belegt, Schwerpunkt der Ausstellung bildet die Klostergründung 1193. *Di–So 10–18 Uhr, Billrothstraße 20*

ESSEN & TRINKEN

Das Kontor

Mehrere Erlebnisbereiche, aufmerksame Bedienung, schmackhafte Küche. *Bahnhofstraße 6–7 (im Hotel Kaufmannshof), Tel. 03838/804 50, €€*

Puk up 'n Balken

In gemütlichen Nischen kommt manches auf den Tisch, das aus Großmutters Speisekarte stammt. *Bahnhofstraße 65 (in der Passage Am Brinken), Tel. 03838/25 72 73, €€*

Rugard

Eines der traditionsreichsten Restaurants Rügens hat seit der Saison 2000 wieder geöffnet. Im Sommer sitzt es sich angenehm im Biergarten und auf der Caféterrasse unter alten Eichen. *Rugardweg 10, Tel. 03838/20 190, €€*

ÜBERNACHTEN

Ratskeller

Zeitgemäße Ausstattung hinter einer historischen Fassade. *57 Zi., Am Markt 27, Tel. 03838/231 12, Fax 231 56, €€*

Romantik Hotel Kaufmannshof

Das Haus versetzt Sie mit seinem historischen Interieur in alte Kaufmannszeiten. *18 Zi., Bahnhofstraße 6–7, Tel. 03838/804 50, Fax 80 45 45, €€*

Sonnenhaken

Weit reicht der Blick auf die Halbinsel Pulitz. *28 Zi., Grüner*

Weg 9, 18528 Buschvitz (3 km nordöstlich), Tel. 03838/82 10, Fax 82 11 99, €€€

touristeninformation@stadt-bergen-auf-ruegen.de, www.stadt-bergen-auf-ruegen.de

FREIZEIT & SPORT

🏃 *Gekegelt* wird am Ernst-Moritz-Arndt-Stadion. Eine *Buggy- und Go-kartbahn* liegt Richtung Buschvitz, *Tennisplätze* gibt es am Stedaer Weg, 🏃 *Inlineskating* ist auf dem Radweg bis Sagard möglich.

AM ABEND

Klassiker und Kultfilme stehen auf dem Programm von Rügens Groß-raumkino *Cine Center*. Die sechs Kinosäle sind mit bequemen Sesseln ausgestattet, vor dem Kino befinden sich etwa 600 kostenlose Parkplätze. *Ringstraße 140.* 🏃 In der rustikalen Kneipe *Bibo Ergo Sum* schmeckt das original böhmische Schwarzbier. *Do ab 22 Uhr Livemusik, Markt 14*

insider tipp

AUSKUNFT

Touristinformation
Am Markt 23, 18528 Bergen, Tel. 03838/25 60 95, Fax 25 60 96,

ZIELE IN DER UMGEBUNG

Gingst [105 D6]
In Gingst konzentrierte sich in den vergangenen Jahrhunderten das Rü-gener Handwerk. Über dreißig Be-rufe können Sie im Museum *Histo-rische Handwerkerstuben* kennen lernen. *Mai–Sept. tgl. 10–17, Okt. tgl. bis 16 Uhr, Nov.–April Mo–Fr 10–16 Uhr*

Wer nur wenige Stunden auf Rügen weilt, aber möglichst viel se-hen möchte, fährt zum neuen ★ *Rügen Park, April–Dez. 9–18 Uhr.* Auf 30 000 m² sind die be-kanntesten Bauwerke Rügens im Maßstab 1:25 zu sehen, außerdem berühmte Bauten der Welt, darun-ter die sieben Weltwunder. Durch die die parkähnliche Anlage rollt die Minibahn »Emma«. Von Bergen sind es 12 km bis Gingst.

Insel Ummanz [104 B–C6]
Für Naturfreunde der rechte Ort! Doch eine »richtige« Insel ist Um-

---

MARCO POLO Highlights
»Zentralrügen«

★ **Theater Putbus**
Eine der schönsten Bühnen Deutschlands mit der Fürstenloge (Seite 34)

★ **Rasender Roland**
Kleinbahn mit fauchenden und pfeifenden Dampf-lokomotiven (Seite 33)

★ **Rügen Park**
Mit der Parkbahn Emma zu berühmten Bauwerken (Seite 29)

★ **Nautilus**
20 000 Meilen unter dem Meer? U-Boot-Restaurant bei Putbus (Seite 34)

Gingst: ein Raum in den »Historischen Handwerkerstuben«

manz seit 1901 nicht mehr: Eine 250 m lange Brücke verbindet das flache und fast baumlose 19 km² große Eiland mit Rügen. Bis in die Mitte des 20. Jhs. lebten die Menschen auf Ummanz, 18 km von Bergen entfernt, in völliger Abgeschiedenheit. Erst 1953 leuchteten in den oft rohrgedeckten Häusern elektrische Glühlampen auf. Nordost- und Südteil von Ummanz gehören zum Nationalpark Vorpommersche Boddenlandschaft. Eine Überraschung birgt die *Dorfkirche von Waase* unmittelbar links hinter der Brücke: einen um 1520 in Antwerpen erbauten, reich geschmückten Altar. Das bedeutende Stück kaufte sich die reiche Stadt Stralsund. 1808 kam der Altar in die Kirche der Insel Ummanz, die damals Stralsund gehörte. Direkt an der Brücke die *Pension* und das *Fischrestaurant Holzerland* mit hauseigenem Bootsverleih. *10 Zi., Am Focker Storm 17, 18569 Waase, Tel. 038305/81 59, Fax 600 40, €€*. Bei jungen Leuten und Familien wegen der moderaten Preise beliebt: das 🏃 *Internationale Jugenddorf Ummanz* in Markow und Suhrendorf, *18569 Ummanz, Tel. 038305/81 07, Fax 81 36, €*

Lebbin und Liddow [105 E3–4]

Zwei kleine Halbinseln zwischen Breetzer und Lebbiner Bodden,

Tetzitzer See und Neuendorfer Wiek, auf denen Sie im wahrsten Sinn des Wortes die Seele baumeln lassen können. Auf dem 43 m hohen Hügel Hochhilgor zwischen Neuendorf und Vieregge steht der hölzerne 🔽 *Grümbke-Aussichtsturm,* der Blick reicht über die Boddenlandschaft bis nach Stralsund und Hiddensee. Eine urgemütliche Dorfschänke mit traditionellen Gerichten finden Sie in Neuenkirchen: *Wirtshaus Neuenkirchen, Tel. 038309/880 30,* €€. Kleine Hügellandschaften mit Wald und weite Felder sind charakteristisch für diese stille Ecke Rügens 20 km von Bergen entfernt. Nordöstlich von Vieregge gibt es einen etwa 100 m langen sandigen Naturstrand. Im Schilf zwischen Vieregge und dem Lebbiner Haken haben Möwen und Enten ihre Brutreviere. Eine seltene Flora besitzen die Salzwiesen auf der Halbinsel Liddow.

Lieschow [109 D1]

Aus Äpfeln von der eigenen Obstwiese und denen aus anderen Rügener Gärten entstehen in der 18 km von Bergen entfernten *Ersten Rügener Edeldestillerie* Liköre und Edelbrände (Besichtigung möglich), mit Probeausschank und Verkauf, *Tel. 038305/553 00.* Etwas weiter, im *Landgasthof Kiebitzort,* kocht Axel Diembeck phantasievoll. Er bietet auch 15 schlicht, aber zweckmäßig eingerichtete Bungalows sowie 10 Zimmer preiswert an. *18569 Lieschow, Tel. 038305/331 66, Restaurant* €€, *Unterkunft* €

Mühlenmuseum Patzig [105 F6]

Bis 1992 wurde in der Motormühle des kleines Dorfs 6 km nördlich von Bergen noch Getreide für die umliegenden Bäckereien gemahlen. Heute steht sie als Museum und technisches Denkmal für Interessierte offen. *Tgl. 10-17 Uhr*

Ralswiek [105 F6]

Auf der Freilichtbühne am Großen Jasmunder Bodden besuchen von Ende Juni bis Anfang September *(Mo–Sa 20 Uhr)* Tausende die *Störtebeker-Festspiele. Auskunft: Tel. 03838/311 00, Fax 31 31 92.* Oberhalb der Naturbühne steht das *Ralswieker Schloss* im Neorenaissancestil (es öffnet 2002 als Hotel), das ein alter Park aus dem 18. Jh. umgibt. Der Schlossbesitzer Graf Douglas ließ 1907 auch die *Schwedenkapelle* erbauen, ein hölzernes Kirchlein wie aus dem Bilderbuch, das vor dem Ortseingang liegt. Hunger und Durst stillt die neu erbaute Gaststätte und Pension *Zum Likedeeler, Am Bodden 21, 18528 Ralswiek, Tel. 03838/31 33 35, Fax 31 33 37,* €€. Das Wassersportcenter am Hafen verleiht Boote und Wasserski, führt Boddenrundfahrten mit Motor- und Segelyachten durch und lehrt Sie segeln. Von Bergen bis Ralswiek sind es 6 km.

Rothenkirchen [109 E3]

Etwa 14 km von Bergen entfernt, rund um die in einer Kate eingerichtete Gastwirtschaft Zur Kaffeetasse, haben Dagmar und Klaus Hanitzsch ein skurriles Anwesen geschaffen (200 m nördlich der B 96 zwischen Rambin und Samtens): Den – wie sie es nennen – »ersten Rügener Kunstgarten« mit viel Kitsch und Krempel. Ausstellungen werden im Stall gezeigt, die Gastwirtschaft »Kaffeetasse« lädt zu Getränken und einer kleinen Speiseauswahl bei niedrigsten Preisen ein. *Mi–So, Tel. 038306/217 03,* €

Samtens [109 E3]

Die Fahrt in den unscheinbaren Ort 12 km südwestlich von Bergen lohnt wegen des Sport- und Freizeitzentrums *Tiet und Wiel,* plattdeutsch für Zeit und Weile, im gleichnamigen Best Western Hotel, das für jeden etwas bietet: Tennis, Squash, Badminton, Klettern, Bowling, Kegeln, Tischtennis, Billard, Fitness, Dancing sowie Schwimmhalle und Restaurant. *62 Zi., 18573 Samtens, Tel. 038306/22 20, Fax 222 15,* €€

Schaprode [104 C5]

22 km sind es von Bergen bis zum Hafen von Schaprode, der bekannt ist als Rügens Tor nach Hiddensee. Den ganzen Tag über starten Personenfähren zum »söten Länneken«. Viel gelobt wird die Küche im Country Line Hotel *Zur alten Schmiede* im 2 km entfernten Ortsteil Poggenhof. Die Inhaberin, Renate Becker-Barbrock, ist selbst eine hervorragende Köchin. *20 Zi., Poggenhof 25, 18569 Schaprode, Tel. 038309/21 00, Fax 210 43,* €€–€€€

PUTBUS

[110 B–C3] Die letzte planmäßig erbaute Residenzstadt Europas (5000 Ew.) entstand im Stil des Klassizismus. Mittelpunkt von Putbus bilden der runde, Circus genannte Platz und der rechteckige Markt, die beide eine schnurgerade Allee verbinden. Im Landschaftspark, an Größe und Baumbestand einer der bedeutenden Norddeutschlands, lustwandelten einst Könige, Kronprinzen, Großfürsten und Herzöge. Wegen seiner klassizistischen weißen Häuser, umgeben von einer herrlichen grünen Wald- und Wiesenlandschaft, wird das 1960 zur Stadt erhobene Putbus auch »die weiße Stadt auf der grünen Insel« genannt. Zu DDR-Zeiten sind nicht wenige der prachtvollen Gebäude verkommen, es wird wohl noch Jahre dauern, bis Putbus wieder in altem Glanz erstrahlt. Die wunderschön restaurierte Orangerie ist ein Musterbeispiel dafür, was Sie in Putbus in einigen Jahren erwarten wird.

SEHENSWERTES

Christuskirche

Wo vor 100 Jahren Orchester spielten, predigt heute der Pfarrer. Denn 1891/92 wurde der Kursaal zur Kirche umgebaut. Der vorgesetzte, dreigeschossige Turm entstand im Stil eines italienischen Campanile, für die Kanzel diente die der Kirche Santa Croce in Florenz als Vorbild.

Circus

Großer, kreisrunder, von repräsentativen Gebäuden umgebener Platz, den kleine Alleen wie eine Torte in gleich große Stücke teilen. In der Mitte erhebt sich ein schlanker Obelisk, der an die Ortsgründung 1810 erinnert. An der Ecke zur Alleestraße steht das Pädagogium, das 1836 als erste höhere Bildungsstätte Rügens eröffnet wurde. Im Haus Nr. 1 ist seit 2002 das Putbus-Museum untergebracht.

Orangerie

Die Dauerausstellung »Ein Bauhäusler fand seinen eigenen Weg« zeigt

Klassizistische Gebäude rahmen den Putbusser Circus ein

Werke des Malers Wolf Hildebrand (1906–90), ferner sind Sonderausstellungen zu sehen. Der Neorenaissancebau, vermutlich ein Werk von Preußens Stararchitekt Karl Friedrich Schinkel, wurde mit etwa 3 Mio. Euro wunderschön restauriert. *Okt.–April Di–So 11–16, Mai bis Sept. tgl. 11–17 Uhr*

Schlosspark
 Karte in der hinteren Umschlagklappe
Hier können Sie unter Bäumen aus allen Erdteilen spazieren gehen, die Wege sind fast 12 km lang. Fürst Wilhelm Malte I. schaut in die Richtung, in der sich einst sein Schloss befand. An den ehemaligen Standort erinnert die Pergola an der Ostseite des Schwanenteichs. Im *Mausoleum* stehen die Sarkophage von Angehörigen des Putbusser Fürstenhauses, die zwischen 1868 (Fürstin Wanda) und 1927 (Fürst Franz) verstarben.

Rasender Roland
★ Putbus ist der Heimatbahnhof der dampflokbetriebenen Schmalspurzüge. Eine Fahrt in der gemütlichen Bimmelbahn, die das ganze Jahr über täglich mehrmals in die Seebäder an der Ostküste Rügens schnauft, gehört zu den touristischen Attraktionen der Insel. *Auskunft: Tel. 038301/801 12, Fax 801 15*

Wildgehege
Rot- und Damwild leben wie in der freien Natur in dem etwa 6 ha großen, jederzeit zugänglichen Wildgehege am Park, das bis an die Alleestraße heranreicht. Von einem Rundwanderweg aus können die Tiere gut beobachtet und fotografiert werden.

MUSEEN

Historisches Uhren- und Musikgerätemuseum
Rund 600 alte Uhren, eine Uhrmacherwerkstatt und Musikgeräte aus den vergangenen 300 Jahren. *Mai–Sept. tgl. 10–17, Okt.–April tgl. 11–16 Uhr, Alleestraße 13*

Puppen- und Spielzeugmuseum
Prall gefüllte Vitrinen mit über 400 Puppen sowie Spielzeug aus vergangenen Zeiten. Angenehm sitzt es sich im lichtdurchfluteten Mu-

seumscafé. *Tgl. 10–17 Uhr, Kastanienallee (im ehemaligen Affenhaus)*

ESSEN & TRINKEN

Jägerhütte
Waidmännisches Ambiente verbreiten Geweihe und ausgestopfte Greifvögel. Großes Angebot an Wildgerichten. *Am Tierpark, Tel. 038301/510, € –€€*

Nautilus
★ Ein Restaurant wie Kapitän Nemos Unterseeboot, Erinnerung an den Hollywoodstreifen »20 000 Meilen unter dem Meer«. Nicht nur das Ambiente, auch die Küche und der Service stimmen. *Dorfstraße 117, im Ortsteil Neukamp, Tel. 038301/830, €€*

ÜBERNACHTEN

Apartmenthaus Putbus
Zwei ruhig gelegene Häuser mit 16 Apartments von 30 bis 53 m² (für 2 bis 6 Personen), kinderfreundliche Atmosphäre. *Berger Straße 3, Tel. 038301/81 50, Fax 815 33, € –€€*

Wreecher Hof
Sieben Rohrdachhäuser in einer Gartenanlage des 2 km entfernten Ortsteils Wreechen. Schwimmhalle, viel gerühmtes Restaurant. *10 Zi., 27 Suiten, Kastanienallee, Tel. 038301/850, Fax 851 00, €€€*

AM ABEND

1821 hob sich zum ersten Mal der Vorhang im fürstlichen ★ *Theater Putbus.* Der Zuschauerraum mit 244 Plätzen, in den letzten Jahren aufwändig restauriert, blieb bis heute nahezu unverändert. *Alleestraße 9a, Tel. 038301/80 80, Kartenhotline 0180/505 24 25*

AUSKUNFT

Putbus-Information
Alleestraße 5, 18581 Putbus, Tel. 038301/431, Fax 614 32, info. putbus@putbus.de, www.putbus.de

ZIELE IN DER UMGEBUNG

Garz [110 A4]
Rügens älteste Stadt (1900 Ew.), die bis heute ihren ländlichen Charakter bewahrt hat, erinnert mit dem *Ernst-Moritz-Arndt-Museum (Mai–Okt. Mo–Sa 10–16, Nov.–April 11–15 Uhr, An den Anlagen)* an den größten Sohn der Insel. Geboren wurde der streitbare Publizist und Universitätsprofessor im Gutshaus des 5 km entfernten *Groß Schoritz* [110 A5]. Dort ist eine kleine Arndt-Ausstellung zu sehen *(tgl. 8–18 Uhr)*.

In Garz blieb von der slawischen Burg Charenza der mächtige Wall südlich des Museums stehen.

Insel Vilm [110 C3–4]
Von 1959 bis zum DDR-Ende war Vilm für die Öffentlichkeit gesperrt, die DDR-Obrigkeit mit Erich Honecker an der Spitze hatte sich hier ein Ferienrefugium errichtet. Auf engstem Raum hält die Natur auf der 1 km² großen Insel eine vielgestaltige Flora bereit. Anfang des 16. Jhs. wurde auf der Insel zum letzten Mal Holz geschlagen. Heute ist sie Sitz des Bundesamtes für Naturschutz, das das Bundesumweltministerium berät. *Tgl. eine Führung (Dauer 2,5 Std.) für maximal 30 Pers., Anmeldungen bei Reederei Lenz,*

Tel. 038301/618 96, Fax 618 74. Rundfahrten um die Insel (Dauer 1,5 Std.) finden von Mitte April–Okt. vom Lauterbacher Hafen aus statt.

Lauterbach [110 C3]

In den Sommermonaten fährt die Kleinbahn Rasender Roland bis zum Hafen, 4 km vom Putbusser Circus entfernt. Hier liegen Fischerboote, Yachten und Fahrgastschiffe vertäut, im Hafen starten auch die Fahrten zur Insel Vilm. Von Gästen immer dicht umlagert ist das Räucherschiff Berta. Das Angebot an Fischimbissen ist delikat – vor allem die Pfefferheringe nach Oma Bertas altem Rezept. Vier *Ferienwohnungen (18–40 m^2 für 2–4 Pers.)* vermietet in einem neu erbauten Landhaus *Gunther Reymann, Fischerweg 2c, Tel. 038301/870 87, Fax 870 88, €€*. Zwölf schwimmende Ferienhäuser, zehn First-Class-Apartements von 55 bis 95 m^2 und das Restaurant Kormoran bietet *Im Jaich, Marina Lauterbach, Tel. 038301/80 90, Fax 809 10, €€–€€€*. Die Segelschule Rücken-

wind hat verschiedene Kurse im Programm. Das klassizistische *Badehaus Goor* von 1818, eines der architektonisch schönsten an der Ostseeküste, steht seit Jahren leer und wartet auf eine neue Nutzung.

Vilmnitz [110 C3]

Die Dorfkirche mit ihrem kleinen Friedhof war bis zur Mitte des 19. Jhs. die Grabstätte des Putbusser Fürstenhauses. In der Familiengruft unter dem Chor stehen 27 Prunksärge, darunter der von Fürst Wilhelm Malte I. Die Gruft ist nicht zugänglich, durch ein kleines vergittertes Fenster an der Choraußenseite aber teilweise einsehbar. 3 km von Putbus entfernt

Zirkow [110 C2]

Ein rohrgedecktes Bauernhaus von 1727 wurde in dem 6 km von Putbus entfernten Dorf Zirkow zum *Museum*. Beachtlich, was an agrarhistorischem Gerät gezeigt wird. *Mo–Fr 9–17 Uhr, April–Okt. auch Sa/So 10–17 Uhr*

Küstenspaziergang in Lauterbach, am Horizont die Insel Vilm

Im Oldtimerzug die Küste entlang

Traditionsreiche Seebäder mit kilometerlangen Sandstränden und Hotels in der berühmten Bäderarchitektur

Binz, Sellin und Göhren im Osten der Insel sind die bekanntesten rügenschen Seebäder, sie bieten feinsandige, kilometerlange Strände und eine Fülle von landschaftlichen Reizen in der Umgebung. In Binz, dem größten und elegantesten Badeort, ist das sportliche und kulturelle Angebot größer als anderswo auf Rügen. Die Granitz, eine bewaldete Hügelkette, ähnelt ein wenig den Mittelgebirgen. Die Buchenwälder reichen oft bis an die Steilküste heran. Auf der höchsten Erhebung Südostrügens, dem 107 m hohen Tempelberg, ließ Fürst Malte I. von Putbus das berühmt gewordene Jagdschloss Granitz errichten. Mit seinen vier zinnenbekrönten Ecktürmen und dem Schinkel-Aussichtsturm gleicht es einer mittelalterlichen Burg. Ein besonderes Vergnügen ist die Anreise dorthin mit der dampfenden Kleinbahn Rasender Roland. Man steigt an den Haltepunkten Jagdschloss oder Garftitz aus, von dort sind es noch 15 Min. zu Fuß. Der 1,5 km lange Mönchgraben nördlich des

Jetzt fahrn wir übern See

Ostseebades Baabe trennt die Granitz von der Halbinsel Mönchgut mit ihren tief eingeschnittenen Buchten, Steilküsten und Sandstränden. Ferdinand von Schill äußerte nach seinem Besuch Mönchguts, dass eine solche Seenlandschaft selbst »die gerühmtesten Küsten des südlichen Italien nicht haben«. Mönchgut gehört heute zu den wenigen Kulturlandschaften Deutschlands, die ihren ursprünglichen Charakter weitgehend erhalten konnten. Damit es die Trockenrasen, Wiesen, Äcker sowie die seltene Ufer- und Strandvegetation auch weiterhin gibt, wurde die Halbinsel in das 235 km² große Biosphärenreservat Südostrügen eingegliedert, eines der mehr als dreihundert weltweit bestehenden Unesco-Schutzgebiete.

Am Strand von Binz:
So lässt sich ein warmer
Sommertag genießen

BAABE

[115 D–E 3–4] Kleine Hotels und Pensionen sind typisch für das von Laub- und Nadelwald umschlossene Seebad (800 Ew.). Eine breite Allee führt schnurgerade zum Strand, die 3 km lange Strandpromenade verbindet Baabe mit dem Nachbarort Göhren. Auf der Dorf- und der Bollwerkstraße gelangen Sie in den alten Dorfkern mit zahlreichen rohrgedeckten Fischerhäusern, darunter das efeuumrankte Zuckerhuthaus (17. Jh.) in der Birkenallee 2. Wenn Sie am Waldrand weitergehen, kommen Sie zur Moritzburger Beek, der an dieser Stelle nur 50 m breiten Verbindung zwischen Selliner See und Having. Baabe, das sich erst nach dem Ersten Weltkrieg zum Seebad entwickelte, empfiehlt sich für einen geruhsamen Urlaub. Der Strand ist fein und bis zu 25 m breit.

SEHENSWERTES

Kirche
An der Südostecke befindet sich eine Außenkanzel, von der jedoch noch nie gepredigt wurde. Sie soll an die Zeit erinnern, als die Gottesdienste in Baabe noch unter freiem Himmel stattfanden. Im Sommer gibt es oft kleine künstlerische Ausstellungen und musikalische Veranstaltungen. *Juni–Sept. tgl. 9 bis 19 Uhr, Strandstraße*

MUSEUM

Mönchguter Küstenfischermuseum
»Ossi«, ein 9,5 m langer Fischkutter aus Groß Zicker, ist der Star in dem kleinen, jederzeit zugänglichen Freilichtmuseum. *Bollwerkstraße Ecke Dorfstraße*

ESSEN & TRINKEN

Aalkaate
Was Fischer Benno Mundt aus dem Boddengewässer holt, kommt hier fangfrisch auf den Tisch. *Bollwerkstraße Ecke Heideweg, Tel. 038303/854 06, €*

Böhmische Schenke
Köstliches aus Böhmen und das tschechische helle und dunkle Krusovice-Bier. *Strandstaße. 1, Tel. 038303/873 86, €€*

Zum Fischer
Vater und Sohn einer alteingesessenen Fischerfamilie fahren noch zum Fischfang. Köstlich schmeckt die Aalsuppe. *Bollwerkstraße 6, Tel. 038303/864 28, €€*

ÜBERNACHTEN

Feriendorf Siesta
Preiswert, aber ohne großen Komfort: einfache Ferienhäuser für zwei bis fünf Personen, Dusche/WC, zentral, im Kiefernwald, 200 m vom Strand entfernt. *20 Zi., Am Fuchsloch 26, Tel./Fax 038303/874 10, Fax 879 84, €*

Hotel am See
Rügens einziges Nichtraucherhotel! Am Selliner See in ruhiger Lage; *20 Zi., Seestraße 25, Tel. 038303/13 70, Fax 860 19, €*

Solthus am See
Dies sit das attraktivste Hotel von Baabe. In absolut ruhiger Lage am Bodden, Schwimmbad mit Sauna.

*39 Zi., Bollwerkstraße 1, Tel.
038303/871 60, Fax 87 16 99,
€€–€€€*

Villa Granitz

Am Waldrand gelegenes Haus im
Bäderstil mit Garten und Terrasse.
*47 Zi., Birkenallee 17, Tel. 038303/
14 10, Fax 141 44, €€–€€€*

CAMPING

Campingzentrum

Im Kiefernwald hinter den Dünen
mit 1,2 km langem Sandstrand.
*April–Okt., Mittagsruhe 13–15 Uhr,
Tel. 038303/ 873 09, Fax 142 99*

FREIZEIT & SPORT

Boote werden am Strand verliehen.
Das *Schwimmbad* im Hotel Solthus
am See steht gegen Gebühr auch
Nichthotelgästen zur Verfügung. Ab
Bollwerk startet von Mai bis Oktober täglich das *Motorschiff Lamara*
zu zweistündigen Rundfahrten in
den Rügischen Bodden und zu der
naturgeschützten Insel Vilm.

AUSKUNFT

Kurverwaltung

*Fritz-Worm-Straße 1, 18586 Ostsee-
bad Baabe, Tel. 038303/14 20,
Fax 142 99, KV-Baabe@t-online.de,
www.baabe.de*

ZIEL IN DER UMGEBUNG

Moritzdorf   [114–115 C–D4]

Wenige Häuser liegen am Fuß eines
kleinen Bergs; auf diesem befindet
sich die bekannte Ausflugsgaststätte
Moritzburg, die allerdings nur von
Ostern bis Oktober geöffnet ist. *Tel.
038308/958 84, €€.* Eine impo-
sante Aussicht auf Baabe, den Selliner See und die Having bietet sich
⬖ südlich der Gaststätte. Das Auto
muss auf einem Parkplatz am Ortseingang stehen bleiben. Am Ende der
Dorfstraße liegt das familiengeführte
*Hotel Moritzdorf, 20 Zi., 18586
Moritzdorf, Tel. 038303/186, Fax
187 40, €€–€€€.* Wer von Baabe
nach Moritzdorf möchte, muss sich
einem kleinen, von Hand betriebe-
nen <mark>Fährboot</mark> anvertrauen. Auf dem

Insider Tipp

MARCO POLO Highlights
»Granitz und Mönchgut«

★ **Prora**
Unvollendete Ferienstadt
mit ungewisser Zukunft
(Seite 44)

★ **Binz**
Bäderarchitektur an der
Srandpromenade (Seite 40)

★ **Feuersteinfelder**
»Steinernes Meer« wird das
Naturschutzgebiet genannt
(Seite 42)

★ **Jagdschloss Granitz**
Burgähnliches Bauwerk
mit einem Aussichtsturm
(Seite 43)

★ **Mönchguter Museen**
So lebten einst
die Mönchguter (Seite 45)

★ **Seebrücke Sellin**
Essen und trinken
über den Ostseewellen
(Seite 48)

Landweg sind es von Baabe etwa 5 km bis Moritzdorf.

BINZ

Karte in der hinteren Umschlagklappe

[114 A1] ★ Rügens größtes Seebad (5800 Ew.) – und einst das mondänste Deutschlands – liegt herrlich im Talkessel zwischen Prorer Wiek und Schmachter See. Binz wartet mit feinsandigem Strand, schönen Buchen- und Kiefernwäldern sowie Pensionen und Hotels im Stil der Bäderarchitektur auf. »Nizza des Ostens« oder »Sorrent des Nordens« wurde Binz in den 1920er-Jahren wegen seiner herrschaftlichen Bauten genannt, von denen die meisten die Zeit überdauerten. Die wieder errichtete Seebrücke ist mit 370 m die längste auf Rügen. Von der Seebrücke starten Ausflugsschiffe u. a. zu Rügenrundfahrten und zu Fahrten zum Kap Arkona und zu den Kreidefelsen. Wer gesehen werden möchte, flaniert am Abend die 4 km lange Strandpromenade mit ihren zahlreichen Cafés und Restaurants entlang. Der Bahnhof für die Kleinbahn wurde 1895 erbaut, der für die Normalbahn erst 1938; Binz ist Rügens einziges Ostseebad mit Intercity-Anbindung.

SEHENSWERTES

Bäderarchitektur
Bäderarchitektur in ihrer schönsten Ausprägung: In dieser Fülle besitzt sie kein anderer Ort Rügens. Die meisten Hotels und Pensionen mit reich gegliederten Fassaden und Erkern sowie vorgelegten hölzernen Galerien wurden zwischen 1890 und 1910 gebaut. Englische Brighton-Atmosphäre vermittelt das 1906 bis 1908 nach einem Entwurf Otto Spaldings entstandene dreiflügelige Kurhaus an der Strandpromenade. Nach mehrjähriger Sanierung und Modernisierung öffnete das denkmalgeschütze Haus Anfang 2002 wieder als Hotel. Weitere Beispiele der Bäderarchitektur sind in der Hauptstraße, der Dünen-, Elisen- und der Putbusser Straße zu finden.

Das Kurhaus von Binz wurde gerade umfassend modernisiert

Glasbläserei Binz

Das flüssige Glas aus dem Schmelzofen wird kunstvoll geformt, geblasen und gezogen. *April–Sept. Mo bis Sa 10–13 und 14–19, So 11 bis 13 und 14–18 Uhr, Okt.–März Mo–Fr 10–13 und 14–18, Sa 10 bis 13 Uhr; Schillerstraße 11*

MUSEEN

Historisches Binz-Museum

In sechs Räumen wird die Zeit vom Ende des 19., Anfang des 20. Jhs. lebendig. *April–Okt. tgl. 10 bis 18 Uhr, Nov.–März Di 11–16 Uhr; Zeppelinstraße 8 (in der Villa Odin)*

Fälschermuseum

Die 100 berühmtesten Gemälde sind ausgestellt, handgemalt von den besten Fälschern der Welt. Alle können Sie käuflich erwerben – allerdings nicht unter 2500 Euro. *April–Okt. tgl. 10–18, Nov.–März Mi 11–16 Uhr; Margaretenstraße 20 (in der Galerie Jahreszeiten)*

ESSEN & TRINKEN

IN-Restaurant

Pommersche, deutsche und internationale Küche, solide und preiswert. *Wylichstraße 9, Tel. 038393/ 319 86, €€*

Orangerie Granitz

In dem Bistro, in dem Sie den Köchen bei ihrer Arbeit zusehen können, macht das Speisen Vergnügen. *Wylichstraße 6, Tel. 038393/ 377301, €€€*

Poseidon

Die große Auswahl an Fisch- und Wildgerichten in guter Qualität hat sich herumgesprochen, deswegen sollten Sie besser vorher einen Tisch reservieren. *Lottumstraße 2, Tel. 038393/26 69, €€€*

Strandhalle

Die alte renovierte Strandhalle wurde zu einer der besten Essadressen in Binz. *Strandpromenade, Tel. 038393/315 64, €€*

Titanic

Gerichte, die es auf dem legendären Kreuzfahrtschiff gab, übernommen von alten Speisekarten oder von Berichten geretteter Passagiere. Auf der Speisekarte sind sie mit dem Serviettenring der White-Star-Linie gekennzeichnet. *Schillerstraße 15, Tel. 038393/13 50, €€*

EINKAUFEN

Narrenkeramik nennt Katrin Grünke ihre phantasievoll gestalteten Tassen, Teller und Vasen *(Margaretenstraße 22)*. In *monte vino – die Weinhandlung auf Rügen* werden nicht nur nationale und internationale Weine angeboten, sondern auch Käse- und Wurstspezialitäten von der Insel *(Zeppelinstraße 7)*. Frischen und geräucherten Fisch (auch Imbiss) gibt es bei *Fischer Jürgen Kuse* am südlichen Ende der Strandpromenade – der Rauch der Räucheröfen weist den Weg.

ÜBERNACHTEN

In Binz führt eine farbige Hotelleitlinie zur Urlaubsunterkunft, die jeweilige Farbe finden Sie auf der Reservierungsbestätigung.

Am Meer

Eins der schönsten Badehotels Deutschlands. *60 Zi., Strandprome-*

nade 34, Tel. 038393/440, Fax.
444 44, €€–€€€

Dorint Strandhotel Rügen

Eleganz und Exklusivität erwarten
den aktiven Urlauber an der Promenade. Interessantes »Sport-at-the-
Beach«-Programm. *54 Suiten, 9 Stu-
dios und Wellnessbereich. Strandpromenade 58, Tel. 038393/430,
Fax 431 00, €€€*

Insider Tipp

Haus am See

Liebenswerte Pension am ruhigen
Ufer des Schmachtersees. Wer die
Morgensonne liebt, bucht die Zimmer 1, 2, 7, 8, wer die Abendsonne
mag, Zimmer 6, 13 oder 14. *20 Zi.
und Apartments, Schmachtersee-
straße 5, Tel. 038393/42 00, Fax
420 24, €€–€€€*

Kempinski Resort Hotel Bel Air

Eines der luxuriösesten und jüngs-
ten Häuser an der Ostseeküste. Die
Hotelanlange besteht aus vier miteinander verbundenen Gebäuden,
ein 1000 m² großer Wellnessbereich soll 2002 dazukommen. Der
Name Kempinski ist Garant dafür,
dass die Gäste sich wirklich rund-
um wohl fühlen. *128 Zi., Strandpromenade 7, Tel. 038393/150,
Fax 155 55, €€€*

Villa Schwanebeck

Persönliche Atmosphäre direkt am
Strand. *22 Zi., Margaretenstraße
18, Tel. 038393/20 13, Fax
317 34, €€*

Jugendherberge

🏃 In Toplage hinter den Dünen,
für 3,3 Mio. Euro komplett saniert.
*143 Betten, 5 Familienzimmer,
Strandpromenade 35, Tel. 038393/
325 97, Fax 325 96, €*

FREIZEIT & SPORT

Tennisplätze gibt es am Klüderberg,
eine *Minigolfanlage* am IFA-Ferien-
park. Das Erlebnisbad *Vitamar* fast
am nördlichen Ortsende bietet auf
1500 m² Wasserrutschen, Erlebnis-
grotten und vieles mehr. In der
Binz-Therme sprudelt 30 Grad war-
mes Thermalwasser *(im Hotel Binz-
Therme Rügen)*.

AM ABEND

🏃 Um 18 Uhr öffnet die Bierknei-
pe *De Dör, Jasmunder Straße 4.* Tolle Cocktails werden in der Bar der
Villa Salve, *Strandpromenade 41,*
gemixt. Ab 22 Uhr geht es *Fr/Sa* los
in der Diskothek & Tanzbar *Golde-
ner Löwe, Hauptstraße 22.* Im
Nachtclub *Bernstein's (im Dorint
Strandhotel)* dürften an Cocktails
und Longdrinks kaum Wünsche offen bleiben; oft Livemusik.

Insi Tipp

AUSKUNFT

Kurverwaltung

*Heinrich-Heine-Straße 7, 18609
Ostseebad Binz, Tel. 038393/
14 81 48, Fax 14 81 45, KV-Binz@t-
online.de, www.ostseebad-binz.de*

ZIELE IN DER UMGEBUNG

Feuersteinfelder   [107 D6]

⭐ Einmalig in Europa: die Feuersteinfelder, bestehend aus 14 rund
25 m breiten und 3 m hohen Wällen. »Steinernes Meer« wird das
Naturschutzgebiet genannt. Zwischen den grauweißen Steinen
wachsen Bäume, Sträucher und
Heidekraut, der Wacholder erreicht
Höhen von 4 bis 6 m. Eine Herde
Mufflons sorgt dafür, dass ein Teil

Wendeltreppe im Aussichtsturm des Jagdschlosses Granitz

der Feuersteinfelder waldfrei gehalten wird. Durch Sturmfluten wurden die Feuersteine vermutlich vor 4000 Jahren an den nördlichen Rand der Schmalen Heide angeschwemmt. Hinweistafeln am Zugangsweg informieren über Flora und Fauna. Parkplatz am südlichen Ortseingangsschild Neu Mukran. Von Binz sind die Feuersteinfelder 8 km entfernt.

Jagdschloss Granitz   [114 B2]
⭐ Einer mittelalterlichen Burg ähnelnd thront das 1,5 km von Binz entfernte Jagdschloss auf dem Tempelberg. Fürst Wilhelm Malte I. ließ es 1836 für seine Gäste errichten. Zu sehen sind historische Salons und die Ausstellung »Hirsche der Welt«. Der nachträglich in den Innenhof gesetzte 38 m hohe Aussichtsturm stammt vom berühmten preußischen Baumeister Karl Friedrich Schinkel. Im Turm schraubt sich eine gusseiserne Wendeltreppe mit 154 Stufen nach oben. Der mühevolle Aufstieg lohnt sich: Der Blick reicht bis nach Stralsund und Hiddensee.

Die Anfahrt mit dem PKW ist nicht gestattet. Wer nicht laufen möchte, fährt mit dem Rasenden Roland bis zu den Haltepunkten Garftitz oder Jagdschloss oder in der warmen Jahreszeit von Binz mit dem kleinen Jagdschlossexpress direkt bis vor die Tür. Wer von anderen Badeorten mit dem PKW anreist, fährt bis zum Parkplatz in Neu-Süllitz (direkt an der Straße Serams–Binz), von hier bringt Sie die Jagdschlossbahn in 10 Min. zum Schloss. *Mai–Okt. tgl. 9 bis 18, Nov.–April Di–So 10–16 Uhr*

Lancken-Granitz   [114 B3]
Der kleine Ort 7 km von Binz entfernt wurde bekannt durch Großsteingräber aus der Steinzeit. Aus tonnenschweren Steinen haben einige unserer Vorfahren vor viertausend Jahren ihre Grabanlagen errichtet. Hünengräber nennt sie der

Eines der Großsteingräber bei Lancken-Granitz

Volksmund, weil man meinte, nur Hünen (Riesen) wäre es möglich gewesen, solche gewaltigen Findlinge zu bewegen. Mehrere dieser von Baumgruppen umstandenen Geschichtsdenkmale blieben südwestlich von Lancken-Granitz (gute Ausschilderung) erhalten. Das erste Großsteingrab ist das beeindruckendste.

Prora [111 D1]

★ Eine Ferienstadt, die seit über sechs Jahrzehnten auf ihre Fertigstellung wartet. Die nationalsozialistische Organisation »Kraft durch Freude« (KdF) begann 1936 das gigantische »Seebad der Zwanzigtausend« zu errichten. Europas größte Ferienanlage sollte es auf Geheiß Hitlers werden. Bis zum Ausbruch des Zweiten Weltkriegs entstanden einige der sechsstöckigen Bettenhäuser, die Festhalle für 20 000 Menschen wurde nicht begonnen. Bis zur Einheit Deutschlands nutzte die Nationale Volksarmee der DDR das sich hinter Kiefernhainen versteckende Gelände, dessen Zukunft seit der Einheit Deutschlands unklar ist. Wen die Ruinen des Nordteils nicht stören: Der 20 m breite Strand ist wunderschön.

Nicht nur an Schlechtwettertagen empfehlenswert ist ein Besuch der *Museumsmeile Prora.* Auf dem Weg von Nord nach Süd, der eine Länge von etwa einer Meile hat, gibt es mehrere Museen, u. a. das *Eisenbahn- und Technikmuseum Rügen,* das beeindruckende Dampflokomotiven, PKW-Oldtimer, Lastkraft- und Feuerwehrwagen zeigt. *April–Okt. tgl. 10–17 Uhr*

Aus der mit 20 000 Werken weltgrößten Druckgrafiksammlung des Hamburger Ehepaars Vogel sind in der *Grafikgalerie* unter dem Titel »Der Zweite Blick« 4000 Grafiken von 1900 bis zur Gegenwart ausgestellt. *April–Okt. Di–So 11–17, Nov./Dez. Di–So 13–16 Uhr*

Im *NVA-Museum* sind u. a. originalgetreu im alten Armeestil eingerichtete Zimmer zu besichtigen, die an die militärische Nutzung in der DDR-Zeit erinnern. *Mai–Okt. tgl. 9–19, Nov.–April tgl. 10–15 Uhr*

GÖHREN

 Karte in der hinteren Umschlagklappe

[115 E–F 4–5] Endstation heißt es in Göhren (1300 Ew.) für die Fahrgäste der Kleinbahn Rasender Roland. Vom Bahnhof sind es knapp 5 Min. Fußweg bis zum beschaulichen Nordstrand. Dort tummeln sich ausschließlich Feriengäste, am nicht minder schönen Südstrand haben die Fischer ihren Arbeitsplatz. Die meisten der weiß gestrichenen Pensionen und Villen im Stil der Bäderarchitektur entstanden nach 1899, als die Schmalspurbahn eine bequeme Anreise ermöglichte. Die meisten von ihnen erstrahlen wieder im alten Glanz. Göhren besitzt den prächtigsten Kurpark (mit Konzertmuschel von 1925) aller rügenschen Seebäder. Auf der Strandpromenade können Sie in den benachbarten Badeort Baabe spazieren. Der Stolz des Ostseebads ist die 1993 wieder errichtete 270 m lange Seebrücke, von der Ausflugsschiffe nach Usedom, zu Rügenrundfahrten und zu Fahrten zu den Kreidefelsen ablegen. Erbaut wurde Göhren auf einem Moränenzug, der sich 11 km lang vom Reddewitzer Höft bis zum Nordperd erstreckt, der östlichsten Spitze Rügens. Wenn Sie den steilen Weg vom Nordstrand geschafft haben (es gibt noch den naturbelassenen Südstrand), bietet sich vom 60 m hohen ☀️ *Nordperd* ein grandioser Blick,

ebenso wie vom bronzezeitlichen Hügelgrab ☀️ *Speckbusch* neben der Kirche.

SEHENSWERTES

Buskam

Einst ruderten Hochzeitsgesellschaften zu dem Findling, um darauf zu tanzen. 24 Personen haben auf der 1,5 m aus dem Wasser ragenden ebenen Fläche Platz, die einen Umfang von 40 m hat. Der größte Findling der deutschen Ostseeküste ragt 200 m vom Strand entfernt aus dem Meer.

MUSEUM

Mönchguter Museen

★ Vier denkmalgeschützte Anlagen gehören zu dem Freilichtmuseum, das über die Kultur und Lebensweise der Mönchguter Bevölkerung informiert.

Heimatmuseum: Hier werden Seefahrtsgeschichte, Brauchtum und die Geschichte des Bäderwesens in einem 150 Jahre alten Fischer- und Schifferhaus dargestellt. *Sept.–Juni Di–So 10–17, Juli/Aug. tgl. 10–18 Uhr, Strandstraße*

Museumshof: bäuerliche Hofanlage aus dem 18. und 19. Jh. mit Wohnhaus und Geräteschuppen. *Mai, Juni, Sept. und Okt. Di–So 10 bis 17, Juli/Aug. tgl. 10–18 Uhr, Strandstraße*

Rookhuus: rohrgedecktes, schornsteinloses Fischer- und Kleinbauernhaus (18. Jh.) im Zuckerhutstil. *Geöffnet wie Museumshof, Thiessower Straße 7*

Motorsegler Luise: einer der letzten eisernen rügenschen Küstenfrachter. *Geöffnet wie Museumshof, hinter den Dünen am Südstrand*

ESSEN & TRINKEN

Caprice

🏃 Mediterrane Küche, Fischgerichte. *Thiessower Straße 3, Tel. 038308/253 07, €€*

Meeresblick

Dank Peter Knoblochs Kochkünsten ist dies eine der besten Küchenadressen Rügens. *Friedrichstraße 2 (im gleichnamigen Hotel), Tel. 038308/56 50, €€€*

Mönchguter Nudelholz

Nudeln täglich frisch und hausgemacht. *Strandsstraße 11a, Tel. 038308/912 98, €*

EINKAUFEN

Blaudruck, auch mit maritimen Motiven, aus der einzigen Blaudruckerei der Insel wird in der *Strandstraße 6* verkauft. Die kleine Galerie bietet auch Keramiken, Aquarelle und Bernsteinschmuck an.

ÜBERNACHTEN

Akzent-Waldhotel Göhren

Schwimmbad mit Sauna, Fitnessraum und 45 geräumigen Zimmern. *Waldstraße 7, Tel. 038308/505 00, Fax 253 80, €€–€€€*

Franz

Von der familiengeführten Pension bis zum Südstrand sind es nur 250 m. *8 Zi., Thiessower Straße 23, Tel./Fax 038308/23 40, €*

Hotel Hanseatic Rügen

68 Zimmer und Suiten, Restaurants, Café, Wellnessbereich mit chlorfreiem Schwimmbad, Vitalcenter, Aussichtsturm mit Panoramablick und manches mehr bietet das neue Hotel. *Nordperdstraße 2, Tel. 038308/515, Fax 516 00, €€€*

Stranddistel

Familiengeführtes Hotel garni mit 33 stilvoll eingerichteten Zimmern und Apartments am Nordufer; Sauna, Fitnessraum sowie das hauseigene Segelschiff »Asgard«. *Katharinenstraße 9, Tel. 038308/54 50, Fax 545 55, €€–€€€*

CAMPING

Ostsee-Campingplatz

Naturbelassenes, welliges Waldgelände hinter den Dünen am Strand. *April–Okt., Mittagsruhe 13–15 Uhr, Nähe Bahnhof, Tel. 038308/901 20, Fax 21 23*

FREIZEIT & SPORT

Boote stehen am Nordstrand zum Mieten bereit, hier wird auch *Minigolf* gespielt. Im 🏃 *Bowlingtreff* direkt am Nordstrand sind drei Bahnen vorhanden. Ein kleines *Schwimmbad* mit Gegenstromanlage wartet im *Kur- und Gesundheitszentrum, Strandstraße. Tennisplätze* gibt es am Kurpark.

AM ABEND

Globetrotter

Bei dem Angebot an Cocktails und Longdrinks dürften kaum Wünsche offenbleiben. *Katharinenstraße 5*

AUSKUNFT

Kurverwaltung

Poststraße 9, Tel. 038308/667 90, Fax 66 79 32, KV@Goehren.de, www.goehren-ruegen.de

ZIELE IN DER UMGEBUNG

Lobbe [115 E6]

Einstiges Fischerdorf mit feinem Badestrand, rund 6 km von Göhren entfernt. In der Pension *Gasthof zum Walfisch* gibt es regionale Küche. *19 Zi., Dorfstraße 32, 18586 Lobbe, Tel./Fax 038308/254 67,€.* Östlich der Straße nach Middelhagen (am ehemaligen Ausfluss des Großen Lobber Sees) steht das um 1920 erbaute *Windrad,* oft als Wahrzeichen von Mönchgut bezeichnet. Bis 1955 diente das heutige technische Denkmal dem Antrieb eines Wasserschöpfwerks.

Middelhagen [115 D5]

Zu einem Museum wurde die 1825 erbaute Dorfschule, in der sich einst alle Mädchen und Jungen von der ersten bis zur achten Klasse gemeinsam in einem Klassenraum drängten. Auch der Wohnbereich des Dorfschullehrers kann besichtigt werden, *April–Juni und Sept./Okt. Di–So 10–17, Juli/Aug. tgl. 10–18 Uhr.* Eine Gaudi für Groß und Klein: die *historische Schulstunde jeden Mi 10 Uhr* mit Zeugnisausgabe, *Juli/Aug. auch Di 10 Uhr.* Das rohrgedeckte, um 1825 erbaute Lehmfachwerkhaus liegt im Schatten der *Kirche,* in der Rügens ältester geschnitzter Holzaltar (um 1480) steht. In den Sommermonaten sind in der Kirche meist Ausstellungen zu sehen. Schräg gegenüber, in der *Dorfstraße,* verkauft Tom Wilke seine *Mönchgut-Keramik.* Mit Liebe gekocht wird im *Landgasthaus Zur Linde, Dorfstraße 20, Tel. 038308/55 40, €€.* Neuerdings wird ein selbst gebrautes Biobier ausgeschenkt, das vom Geschmack her gewöhnungsbedürftig ist. Middelhagen ist 4 km von Göhren entfernt.

Insider Tipp

Reddevitzer Höft [114 A6]

Wie eine Sichel sticht das Reddevitzer Höft 3,5 km lang und nur 300 m breit in den Rügischen Bod-

---

Kleines maritimes Lexikon

Auf einen Blick: Fachausdrücke für Binnenländer

Bodden	Ostseebucht mit meist schmalen Zugängen zum Meer
Bojen	schwimmende Seezeichen
Brise	frischer Wind, »tolle Brise« steht auch für alkoholische Schlagseite
Haken	ins Meer hineingewachsene Landzunge
Kliff	niederdeutsche Bezeichnung für Steilküste
Klippe	von Sturm und Regen aus einem Kliff herausgearbeiteter Felsen
Liete	auf Rügen gebräuchlich für steile Schluchten
Maritim	das Meer, die Seefahrt betreffend
Takelage	Segelausrüstung eines Schiffes
Wiek	niederdeutsch für flache Bucht

den. Badestrände gibt es hier, rund 4 km von Göhren entfernt, nicht, dafür Stille am Achterwasser mit dem Namen Having und weite Blicke von der ◣ Kliffkante. Ausgangspunkt für Wanderungen bildet das Dorf *Alt Reddevitz*, in dem sich in einer alten Scheune ein feines *Fischrestaurant* etabliert hat: *Kliesow's Reuse, April–Sept. tgl., Di erst abends; März und Okt. empfiehlt sich tel. Anfrage. Dorfstraße 23a, Tel. 038308/21 71, €€*

Insider Tipp

SELLIN

[115 D3] Zwischen dem Selliner See und der Steilküste Ostrügens liegt das traditionsreiche Ostseebad (2700 Ew.). Kleine Hotels und Pensionen mit abwechslungsreich gestalteten Fassaden säumen beiderseits die in den letzten Jahren schön hergerichtete Wilhelmstraße, die am Steilufer endet. ◣ Von dort bietet sich ein herrlicher Blick auf den Strand und die 1998 fertig gestellte, 394 m lange ★ *Seebrücke Sellin*. Die Aufbauten mit dem hellen, sich über zwei Etagen erstreckenden Palmengarten, dem Balticsaal sowie den an die 1920er-Jahre erinnernden Kaiserpavillon entstanden nach historischem Vorbild. Für jene, denen der Abstieg (vor allem aber der Aufstieg über 87 Stufen) zum Strand und zur Seebrücke zu beschwerlich ist, wurde ein *Aufzug* gebaut. Er kostet nichts, ist selbst zu bedienen und täglich von 9 bis 21 Uhr in Betrieb. Den Nordstrand schützt ein Hochufer mit Buchen- und Nadelwald. Von der Seebrücke starten Ausflugsschiffe zum Ostseebad Binz und zur Insel Usedom.

Insider Tipp

SEHENSWERTES

Galerie Hartwich
Auch der international bekannte Maler A. R. Penck hat im alten Feuerwehrhaus schon ausgestellt. Die Galerie in dem umgebauten alten Backsteingebäude zeigt überregional bedeutende Künstler, verkauft werden vor allem Werke des Rügener Kunstvereins. *Schulstraße 5*

MUSEUM

Bernsteinmuseum
Goldschmiedemeister Jürgen Kintzel widmet sich in dem neuen Museum und in seiner Werkstatt ganz dem Thema Bernstein: Er zeigt Fundstücke, Inklusen (Einschlüsse in Bernstein) und schöne Bernsteinarbeiten. Hier erfahren Sie auch, wo Sie am Strand Bernstein finden. *Mo–Fr 10–12 und 14–17 Uhr, Sa 10–12 Uhr, Granitzer Straße 43*

ESSEN & TRINKEN

Ambiance
Kleine, *täglich neu zusammengestellte Speiseauswahl.* Küchenchef Gregor Engels verarbeitet nur sorgfältig ausgesuchte Produkte. *Wilhelmstraße 34 (im gleichnamigen Hotel), Tel. 038303/12 20, €€€*

Insider Tipp

Kleinbahnhof
Erlebnisgastronomie bester Art! Sie können wählen zwischen einem Platz im Salonwagen, einem gepolsterten normalen Sitzplatz oder der rustikalen Holzklasse. *An der B 196, Tel. 038303/879 71, €€*

Seebrücke
Im Stil der 1920er-Jahre präsentiert sich das Restaurant Kaiserpavillon,

Nach historischem Vorbild wieder aufgebaut: die Seebrücke

im mediterranen Stil zeigt sich das Restaurant Palmengarten. *Tel. 038303/82 90,* €€

EINKAUFEN

Große Auswahl an Keramik und anderen Souvenirs bietet der *Katen, Granitzer Straße 11.* Nachbildungen des Hiddensee-Schmucks gibt es schräg gegenüber bei *Goldschmiedemeister Kintzel* in der *Granitzer Straße 43.*

ÜBERNACHTEN

Cliff-Hotel Rügen
Großzügige Hotelanlage mit 2000 m² großer Rülax-Wellness-Welt. Das aktuelle Rügenwetter im Internet zeigt die Livekamera vom Hoteldach: *www.cliff-hotel.de/livecam.htm. 247 Zi., Siedlung am Wald, Tel. 0800/25 43 46, Fax 038303/84 95,* €€€

Hotel-Park Ambiance
Insider Tipp

Moderner Komfort in historischem Ambiente: In fünf denkmalgeschützten Häusern enstand ein Domizil für anspruchsvolle Gäste; Badelandschaft mit Wasserfall, Whirlpool und Sauna. *55 Zi. und Suiten, Wilhelmstraße 34, Tel. 038303/12 20, Fax 12 21 22,* €€€

Petri
Pension mit kleiner Gaststätte in zentraler Lage. *25 Zi., Ostbahnstraße 5, Tel. 038303/89 10, Fax 877 35,* €€

Villa Subklew
Sympathisches, familiengeführtes Hotel in Strandnähe. Abendlicher Treff ist die gemütliche Schwarzbierstube Strandgut. *29 Zi., Warmbadstraße 1, Tel.038303/859 87, Fax 873 42,* €€

FREIZEIT & SPORT

Im täglich geöffneten Spaßbad *Nemo – die Wasserwelt* fasziniert eine Wasserlandschaft nach dem literarischen Vorbild Jules Vernes. Ein Abenteuer für die gesamte Familie bietet die 127 m lange *Rutsche* am

Nobelherberge einst und jetzt

Aus dem Erholungsheim Baabe des ZK der SED wurde das Cliff-Hotel Rügen

Eine Schranke versperrte die Zufahrt, Wachposten verjagten Neugierige: Wer in der Nobelherberge zwischen Sellin und Baabe logierte, gehörte zu den höchsten Parteikadern der SED oder war Funktionär einer ausländischen kommunistischen Bruderpartei. Mit dem DDR-Ende wurde aus der Parteiherberge das Cliff-Hotel Rügen. Rund 30 Mio. Euro wurden bis heute in Technik, Freizeiteinrichtungen und Luxus investiert. Highlights unter **Insider Tipp** den zahlreichen Angeboten: die Behandlung mit der Rügener Heilkreide und das Schwimmbad mit einer Fläche von 425 m².

Südstrand, hier werden auch Kajaks und andere Boote ausgeliehen.

Im 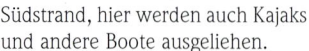 *Jugendfreizeitzentrum Siedlung am Wald* stehen Computer, es wird Billard, Tischtennis oder Dart gespielt, gekocht, gebacken und vieles mehr. Im *Bowlingcenter Woge, Ostbahnstraße 21,* gibt es acht Bahnen.

AUSKUNFT

Kurverwaltung
Warmbadstraße 4, 18586 Sellin, Tel. 038303/16 11, Fax 872 05, kv@ostseebad-sellin.de, www.ost seebad-sellin.de

ZIEL IN DER UMGEBUNG

Seedorf [114 C2]
Das geruhsame Dörfchen an der Lanckener Beek, der schmalen Verbindung zwischen Neuensiener See und Having, ist 5 km von Sellin entfernt. Über eine Fußgängerbrücke gelangt man durch eine stille Landschaft zu den 3 km entfernten Hünengräbern bei Lancken-Granitz. Einst wurden in Seedorf Segelschiffe gebaut, heute ist es ein beliebter Seglerhafen. Klein und fein: *Gaststätte Binnen & Buten* mit bodenständiger, regionaler Küche. *Dorfstraße 8, Tel. 038303/874 36,* €

THIESSOW

[111 F4–5] Die südöstlichste Gemeinde der Halbinsel Mönchgut ist an drei Seiten von Wasser umgeben: im Osten und Süden von der Ostsee, im Westen vom Greifswalder Bodden. Der 30–50 m breite Sandstrand Richtung Lobbe ist 4 km lang, nicht überlaufen und bei FKK-Anhängern beliebt. Am Südperd ist das Baden wegen starker Strudelbildung verboten. Surfer schwärmen von der Bucht zwischen Thiessower Haken und Klein Zicker. **Insider Tipp**

Der Charakter als Fischer- und Lotsendorf hat sich bis in die Gegenwart erhalten. Große Hotels und aufregendes Nachtleben hat das eher beschauliche Thiessow (400 Ew.) mit dem Ortsteil Klein Zicker nicht zu bieten, dafür aber einen schönen Strand, weitgehend unberührte Natur und zwei Besonderheiten. Die erste: Regenschirm und Gummistiefel können Sie getrost zu Hause lassen: Thiessow kann die wenigsten Niederschläge an der gesamten Ostseeküste Mecklenburg-Vorpommerns vorweisen. Der Ort liegt im Regenschatten von Stubnitz, Rugard und Granitz. Und zweitens: Die Luft von Thiessow gilt als die gesündeste von Rügen, weil fast ständig eine leicht salzhaltige Brise weht.

Am 38 m hohen Lotsenberg, früher stand hier ein Wachturm, sind noch Reste von Schanzen erkennbar, die 1712 im Nordischen Krieg von den Truppen des Schwedenkönigs Carl XII. angelegt wurden. Den Landvorsprung Südperd schützt ein 1905 errichteter, 350 m langer Steindamm vor weiterem Uferabbruch. Meiden Sie den Steindamm bei stürmischem Wetter! Statt dessen können Sie gefahrlos den Hochuferweg benutzen.

ESSEN & TRINKEN

Mönchguter Fischerklause
Selbst gemachtes Rügener Sülzfleisch, Labskaus und andere für die Küste typische Gerichte. *Hauptstraße 48, Tel. 038308/303 97, €€*

ÜBERNACHTEN

Godewind
Die reizvolle, familiär geführte Pension hat 18 Zimmer und 5 Ferienwohnungen (35–55 m²). *De niege Wech 7, Tel. 038308/34 20, Fax 342 20, €€*

Jaromar
21 geräumige Ferienwohnungen (54–115 m²), 10 Apartments, Wellnessbereich. *Hauptstraße 1, Tel. 038308/345, Fax 346 00, €€*

CAMPING

Camping-Oase Rügen
Lang gestrecktes Gelände am nördlichen Ortsrand zwischen Straße und Zickersee. *Mitte Dez.–Ende Okt., 13–15 Uhr Mittagsruhe, Tel. 038308/82 26, Fax 82 97*

FREIZEIT & SPORT

Die Segel- und Surfschule *Sail & Surf* bietet Kurse für Anfänger, Fortgeschrittene und Kinder an. Surfbretter und Kajaks stehen zum Mieten bereit. Das *Schwimmbad im Ferienpark Jaromar* ist gegen Gebühr auch für Nichthotelgäste geöffnet. *Inlineskating* auf dem asphaltierten Deich am Weststrand.

AUSKUNFT

Kurverwaltung
Hauptstraße 36, 18586 Thiessow, Tel. 038308/82 80, Fax 301 91, ostseebad-thiessow@t-online.de, www.thiessow.im-web.de

ZIEL IN DER UMGEBUNG

Groß Zicker [111 E4]
Das 1723 erbaute Pfarrwitwenhaus, das im Sommer interessante Sonderausstellungen zeigt, hat das lang gestreckte Straßendorf bekannt gemacht. Es ist das besterhaltene niederdeutsche Hallenhaus auf Rügen in Zuckerhutform. *April–Okt. tgl. 10–18 Uhr.* Angenehm sitzt es sich am Boddenufer in *Kaisers Gaststuben, Tel. 038308/300 91, €.* Groß Zicker ist 4,5 km von Thiessow entfernt

Inselbalkon und Windland

**Stubbenkammers Kreidefelsen, Kap Arkona
und das Bilderbuchdörfchen Vitt –
die Perlen von Jasmund und Wittow**

Wer zur Halbinsel Jasmund fährt, hat meist ein Ziel: die Kreidefelsen der Stubbenkammer. Ganze Heerscharen pilgern zum berühmten Königsstuhl, bedeutend weniger erfreuen sich an den schroffen Wissower Klinken. Um die einzigartige Kreidelandschaft und den alten, mitunter urwaldartigen Rotbuchenwald zu erhalten, wurde der Nationalpark Jasmund geschaffen. Balkon Rügens wird Jasmund wegen seines malerischen Steilufers genannt, von dem der Blick weit auf die Ostsee hinausreicht. Die schmale, 8 km lange Schaabe, Rügens Badeparadies, verbindet Jasmund mit Wittow. Windland heißt Wittow im Volksmund, weil der Wind ungehindert über das flache Land streichen kann. Norddeutschlands bekannter Dichter Fritz Reuter bezeichnete nach einer Wanderung 1830 Wittow als »das lieblichste, reich ausgestaltete Ländchen … umgürtet von sonnenbegrenztem Meer, in unendlicher Mannigfaltigkeit durch seine Buchten, Bodden und Wyken …« Der Boden auf Wittow ist fruchtbar, die Bauern ernten besten Weizen und

Rohrgedeckte Häuser in Vitt

Kohl. Im Herbst stehen Tausende von Kranichen auf den Feldern, und ihre trompetenden Rufe schallen weit über Wittow. Die Halbinsel gehört zu den Sammelplätzen der Vögel vor dem Weiterflug nach Süden. Wald gibt es nur rund um den Bakenberg und auf dem Bug genannten Haken bei Dranske, der jahrzehntelang militärisches Sperrgebiet war. Ein ideales Segelrevier sind die stillen Boddengewässer vom Glower Hafen bis zum Wieker Bodden. Wie Jasmund hat auch die Halbinsel Wittow ihre touristischen Highlights: das geschichtsträchtige Kap Arkona und das Bilderbuchdörfchen Vitt. Meer und Wind verändern Jahr für Jahr unermüdlich die Linienführung der Nordküste Rügens.

BREEGE-JULIUSRUH

[105 E2] Am nördlichen Ende der Schaabe, zwischen Ostsee und Breeger Bodden, erstreckt sich der 1928 vereinte Doppelort (850 Ew.): Das sich lang hinziehende Juliusruh mit kleinen Pensionen und Villen zwischen Kiefern zeigt sein Gesicht der Tromper Wiek, Breege dagegen wendet sich dem stillen Bodden zu. 1895 öffnete in Juliusruh das erste Hotel, das heutige Kurhaus. Der Strand ist bis zu 50 m breit und geht in die Schaabe über, deren 6 km langer Mittelteil fest in den Händen der FKK-Anhänger ist. Von Juliusruh führt die kopfsteingepflasterte Dorfstraße durch Breege, beiderseits oft von stattlichen Häusern gesäumt, die sich Kapitäne im 18. und 19. Jh. erbauen ließen. Sie erinnern an Zeiten, als die meisten Männer Breeges zur See fuhren und das Dorf das reichste Rügens war. Breege besaß neben Wiek und Lauterbach einen der Haupthäfen der Insel. 500 m vor dem Hafen ragen die vom Schilf verdeckten Saalsteine aus dem Wasser. Die Findlinge wurden aufgetürmt, um die einst hier im Winter ankernden Segelschiffe vor Eispressung zu schützen. Heute dümpeln Fischerboote und Segeljollen im Hafen. Auch in unseren Tagen gilt noch, was bereits 1923 in einem Reiseführer stand: »Der Breeger und der Große Jasmunder Bodden bieten ein vorzügliches und sicheres Revier für die Ausführung des Wassersports.«

SEHENSWERTES

Landschaftspark

Angelegt 1795 von Gutsbesitzer Julius von der Lancken. Die als Kurpark sorgfältig wiederhergerichtete Anlage verbindet Juliusruh und Breege. Der Granitstein am Parkende erinnert an den Gründer.

ESSEN & TRINKEN

Am Strand

Insider Tipp

Gemütliche Kellergaststätte, in der Küchenmeister Manfred Holtmann

Schmackhaftes auf den Tisch bringt. *Wittower Straße 18, Tel. 038391/ 545,* €€

Zum alten Fischer

Am Breeger Hafen. Vor allem bodenständige Küche. Spezialität des Hauses: Aalsuppe nach historischem Rezept. *Tel. 038391/121 89,* €

ÜBERNACHTEN

Am Wasser

Quartier für jene, die sich mehr im reizvollen Rügener Hinterland als am Strand tummeln möchten. *60 Zi., Dorfstraße 79, Breege, Tel. 038391/40 20, Fax 613,* €

Aquamaris Strandresidenz Rügen

Familienfreundliche Hotel- und Ferienanlage im Dünenwald mit Hallenbad, Sauna, Whirlpool, Kegelbahnen und mehr. 260 Zi., Apartments, Ferienwohnungen, *Wittower Straße 4, Juliusruh, Tel. 038391/440, Fax 441 40,* €€€

Windland

Ruhige Ferienanlage mit 9 Hotelzimmern, für anspruchslose Gäste gibt es 6 preiswerte Bungalows mit je zwei 2-Zimmer-Apartments in schlichter Ausstattung. *April bis Okt., Waldweg 18, Breege, Tel./ Fax. 038391/124 56,* €

Insider Tipp

FREIZEIT & SPORT

Vom Breeger Hafen verkehrt von Mai bis September täglich ein Schiff zur Insel Hiddensee. Die *Kegelbahnen* sowie das *Schwimmbad* im Hotel Aquamaris Strandresidenz können auch von Nichthotelgästen genutzt werden.

AUSKUNFT

Informationsamt
Wittower Straße 5, 18556 Breege-Juliusruh, Tel./Fax 038391/311

ZIELE IN DER UMGEBUNG

Altenkirchen   **[105 E2]**
Die Backsteinkirche wurde um 1200 erbaut und gehört somit zu den ältesten Gotteshäusern der Insel. Der Taufstein im Innern aus gotländischem Kalkstein entstand im 13. Jh. Ein Erlebnis sind Orgelkonzerte in den Sommermonaten. Links neben dem Kircheneingang hat der 1818 verstorbene Theologe und Dichter Ludwig Gotthard Kosegarten sein Grab erhalten. Auf dem Kirchhof stehen viele, meist aus der ersten Hälfte des 19. Jhs. stammende Grabsteine. Malerei und Keramik bietet die *Kleine Ateliergalerie Blaues Haus* in der Neuen Straße 2a. Altenkirchen (1300 Ew.) ist 3 km von Breege-Juliusruh entfernt.

Riesenberg   **[105 E1]**
Das Großsteingrab nordöstlich von Nobbin ist 4000 Jahre alt. 3,5 km sind von Breege-Juliusruh bis zu dieser Grabanlage zu wandern, an deren vier Ecken besonders große Wächtersteine stehen. Bei Grabungen im Jahr 1970 wurden zwei kleine, aus Findlingsblöcken gesetzte Grabkammern von etwa 2 m Länge und 1 m Breite festgestellt, doch die Enttäuschung war groß: Andere müssen schon früher dagewesen sein, denn weder Bestattungsreste noch Totenbeigaben waren vorhanden.

DRANSKE

[104 C2] »Auf Rügen ganz oben« – so wirbt das ehemalige Fischerdorf zwischen Wieker Bodden und Ostsee, das sich zu einem Ort (2900 Ew.) mit kleinstädtischem Charakter entwickelte. Der Strand ist in der Dransker Ortslage steinig und nicht besonders schön. Wenn Sie nordöstlich zum Bakenberg laufen, finden Sie feinen Sandstrand, eine steile Treppe führt vom Hochufer hinab. Selbst an heißen Sommertagen beträgt die Wassertemperatur hier oft nur 12 Grad, denn bei Nordwestwind führt die Strömung kaltes Wasser heran.

MARCO POLO Highlights
»Jasmund und Wittow«

★ **Kap Arkona**
Zwei Leuchttürme weisen den Weg zu den Resten der Jaromarsburg (Seite 61)

★ **Vitt**
In einer Schlucht verstecktes Bilderbuchdörfchen (Seite 63)

★ **Schaabe**
Rügens Badeparadies: 50 m breiter Sandstrand auf einer Länge von 8 km (Seite 60)

★ **Nationalpark Jasmund**
Großes Schutzgebiet mit dem berühmten Königsstuhl (Seite 66)

Für Nichtschwimmer jedoch ideales Badegelände: Bis zu 40 m kann man ins Wasser gehen. Auch FKK-Anhänger mögen diesen Strand, an den ein Windschutz mitgenommen werden sollte. Bei guter Sicht sind von dem 28 m hohen Bakenberghügel in westlicher Richtung die Felsen der dänischen Ostseeinsel Møn zu sehen. Die Schwarbe, auch Bakenberger Wald genannt, wurde 1887/88 als Erosionsschutz angelegt.

Von 1917 bis 1991 war Dranske fast immer dem Militär ausgeliefert, das den Ort über die Jahre hinweg entscheidend prägte. Als Erste ließen sich kaiserliche Marineflieger hier nieder, danach kam die Reichswehr, später Hitlers Wehrmacht; der folgte die Volksmarine der DDR und nach der Einheit Deutschlands für kurze Zeit die Bundeswehr. Vom alten Dranske ließen Hitlers Militärs lediglich das Schulhaus am Boddenufer stehen, alles andere musste sich ihren Bedürfnissen anpassen. Die landschaftsuntypischen Wohnhäuser in Großplattenbauweise stammen aus der DDR-Zeit. Kurz hinter Dranske versperrte bis 1991 ein Schlagbaum die Weiterfahrt – der Bug war jahrzehntelang militärisches Sperrgebiet. Der südlichste Teil des 9 km langen Bug, einer schmalen, lang gestreckten Landzunge, gehört zum Nationalpark Vorpommersche Boddenlandschaft.

MUSEUM

Heimatmuseum
Eine Alternative, um einen Schlechtwettertag zu überbrücken. Sie können sich hier über die Geschichte des Orts und die Halbinsel Bug informieren und eine Fossiliensammlung betrachten. *Max-Reichpitsch-Ring 2, Juni–Aug. Di, Do und Sa 14 bis 17 Uhr*

ESSEN & TRINKEN

Schifferkrug Kuhle
Rügens ältestes Gasthaus; 1455 bereits wird der erste Ausschank am Wieker Bodden erwähnt. Einfache, solide und preiswerte Küche. *An der Kreuzung Dranske/Bakenberg, Tel. 038391/84 60,* €

Zum Anker
Fisch gebraten, gekocht, mariniert und geräuchert. *Karl-Liebknecht-Straße 14, Tel. 038391/898 27,* €

EINKAUFEN

Uwe Rennefahrts Keramiken mit Ritztechnik sind begehrt. In der *Karl-Liebknecht-Straße 11* können Sie dem Künstler Ihre Wünsche mitteilen. Frischen Fisch gibt es bei *Beer, Karl-Liebknecht-Straße 16.*

ÜBERNACHTEN

Ferienresidenz Rugana am Bakenberg
Neu errichtete Siedlung auf dem Bakenberg, die Häuser auf dem weitläufigen Gelände sind in kleine Dörfer aufgeteilt. Gerade einmal 400 m gehen Sie von hier bis zu dem breiten Sandstrand. Es stehen 240 Ferienwohnungen von 33 bis 67 m^2 für zwei bis sechs Personen zur Verfügung. Wenn vor Ort nichts mehr frei sein sollte, wenden Sie sich an Ihr Reisebüro, denn fast alle großen Veranstalter haben das Feriendorf mit Schwimmhalle, Gaststätte und Kinderspielplätzen im Angebot. *Tel. 038391/91 40, Fax 914 14,* €–€€

Ferienwohnanlage Am Teich
In ruhiger Lage im Ortsteil Lancken, 900 m bis zum Strand. Ferienwohnungen (32–80 m², 2–6 Personen) Wer eine Terrasse wünscht, bucht für das Erdgeschoss. *Lancken 8c, Tel. 038391/ 91 50, Fax 91 51 33, €€*

Caravancamp Ostseeblick
Wiesengelände mit Blick auf die Insel Hiddensee. *April–Okt., Tel. 038391/819 63*

Regenbogen-Camp
Waldplatz am Sandstrand in Dranske-Nonnevitz. *Ganzjährig, Tel. 038391/890 32, Fax 87 65*

FREIZEIT & SPORT

Auf *Golfer* warten Driving Ranges, ein 6-Loch-Kurzplatz sowie eine 9-Loch-Anlage. Das *Schwimmbad* mit Sauna und Solarium in der *Ferienresidenz Rugana* am Bakenberg hat gegen Gebühr auch für Nichthotelgäste geöffnet.

AUSKUNFT

Fremdenverkehrsamt
Max-Reichpietsch-Ring 2, 18556 Dranske, Tel. 038391/890 07, Fax 894 24

ZIELE IN DER UMGEBUNG

Wiek [106 D2]
Der zweitgrößte Ort (1400 Ew.) der Halbinsel Wittow, 8 km von Dranske entfernt, hat noch dörflichen Charakter. Die Durchgangsstraße und den davon abseits liegenden Dorfplatz säumen meist einstöckige Häuser mit kleinen Vorgärten. Sehenswert in der spätgotischen *Backsteinkirche* ist das hölzerne Standbild (15. Jh.) des hl. Georg zu Pferde. Mit dem Bau der gro-

Die mit Backsteinen erbaute spätgotische Kirche in Wiek

ßen ruinösen Verladebrücke am Hafen wurde vor dem Ersten Weltkrieg begonnen. Auf ihr sollte Kreide von einem bei Arkona geplanten Kreidebruch verladen werden. Solide ist die Küchenleistung im Restaurant *Bismarck-Stuben, Am Markt 4, Tel. 038391/70790,* €€

Das *Kinderkurheim,* die größte Einrichtung dieser Art im Osten Deutschlands, entstand nach Plänen des Bauhaus-Schülers Waldo Wenzel 1928/29. Die lang gestreckten weißen Holzgebäude mit durchgängigen Kolonnaden ähneln dem Baustil in Florida. Von der Straße in Richtung Wittower Fähre hat man einen guten Blick auf die gesamte Anlage. Wer weiterfährt, kommt in den Ortsteil *Bohlendorf.* Dort weist ein Schild den Weg zum kleinen, feinen *Hotel Herrenhaus Bohlendorf.* Das wunderbar ruhig liegende Herrenhaus aus dem 18. Jh. wurde völlig modernisiert.

20 *Zi., 18556 Wiek, Tel. 038391/ 770, Fax 702 80,* €€

Wittower Fähre　　　　**[106 D4]**
Für Binnenländer bildet das Übersetzen (oder auch nur das Zuschauen) über die schmalste Stelle zwischen Rassower Strom und Breetzer Bodden ein Erlebnis. In der Touristensaison gibt es allerdings oft Wartezeiten. Die Fährverbindung zwischen der Halbinsel Wittow und Zentralrügen ist seit fast fünfhundert Jahren nachweisbar. Westlich des südlichen Fähranlegers liegt direkt am Boddenufer, vis-a-vis der Insel Hiddensee, das im Stil eines norddeutschen Gutshauses errichtete *Radisson SAS Hotel Rügen, 116 Zi., 34 Apartments, 18569 Trent, Tel. 038309/220, Fax 225 99,* €€€. Das Hotel bietet seinen Gästen eine schöne Wellnesslandschaft sowie vielfältige Sport- und Freizeitmöglichkeiten.

Rügen literarisch

Eine kleine Auswahl an Büchern zum Einstimmen oder Vertiefen

Vieles an traditionellem Brauchtum geht auch auf Rügen auf die Verehrung von Göttern und damit verbundenen Kulthandlungen zurück. Ingrid Schmidt hat sie in »Götter, Mythen und Bräuche von der Insel Rügen« zusammengetragen. Zu lesen sind die Legende vom heiligen Veit, die Rügener Wolfsgeschichten und die berühmte Sage vom Herthasee. Auch den Hausgeist Puk lernen Sie dort kennen. – Die Bäderarchitektur in Sellin, Binz und Göhren gehört mit zum Schönsten, was Rügen zu bieten hat. In dem großformatigen Buch »Bäderarchitektur« mit vielen Fotos von Ulf Böttcher beantwortet der renommierte Reisejournalist Wilhelm Hüls die Frage: Was ist Bäderarchitektur? – Wer sich für Vögel und Fische, Muscheln, Findlinge und Pflanzen interessiert, wird zum »Naturführer Insel Rügen, Insel Hiddensee« von Erich Hoyer greifen.

GLOWE

[106 C3] Das östliche Eingangstor zum Badeparadies Schaabe gehört zur Halbinsel Jasmund. Einst bestand Glowe nur aus wenigen Fischerhäusern, die sich am Seeufer hinzogen. Erst in unserem Jahrhundert wuchs der Ort (1000 Ew.) in den Schaabewald hinein. Kurpromenade und noble Hotels kann Glowe, das sein dörfliches Flair behalten hat, nicht vorweisen. Westlich des Orts beginnt der Badestrand der Schaabe, ein sich bis Juliusruh erstreckender, wunderschöner Naturstrand. Der Mittelteil ist komplett in der Hand von FKK-Anhängern, die sich aber gegenüber Gästen in Badebekleidung als sehr tolerant erweisen. Zwischen Strand und Hauptstraße liegt ein breiter Waldgürtel. Auf eine Besonderheit kann der Ort stolz sein: Er besitzt die einzige Kirche, die zu DDR-Zeiten (1982) auf der Insel entstand und der Landschaft angepasst wurde. In jüngster Zeit wurde der Hafen modernisiert, auch die neue Rehaklinik führte zur Belebung. Im Ortsteil Ruschvitz soll Klaus Störtebeker zur Welt gekommen sein, doch wo genau, ist nicht bekannt.

ESSEN & TRINKEN

Arkonablick
Kleines Eiscafé am Zugang zum Strand. Kenner meinen, das Eis sei das beste auf Jasmund und Wittow. *Nur Mai–Okt., Am Arkonablick 81*

Fischerhus
Rustikales Ambiente, regionale Fischgerichte. *Hauptstraße 53, Tel. 038302/52 35, €€*

Ruiani
Elegante Küche in einem feinem Restaurant. *Waldsiedlung 130a (im Bel Air Strandhotel), Tel. 038302/74 70, €€*

ÜBERNACHTEN

Alt Glowe
17 behagliche Zimmer, von denen keines dem anderen gleicht. *Hauptstraße 37a, Tel. 038302/530 59, Fax 530 67, €€*

Bel Air Strandhotel
Von Kiefernwald umgebenes neues Haus mit Badelandschaft. *37 Zi., Waldsiedlung 130a, Tel. 038302/74 70, Fax 74 71 20, €€€*

Haus Polchow
Pension mit Restaurant auf einem 10 000 m² großen Grundstück in dem kleinen, 5 km von Glowe entfernten Dorf Polchow nahe dem Großen Jasmunder Bodden. *8 Zi., 8 Ferienwohnungen (bis zu 6 Pers.), 3 Ferienhäuser (bis zu 10 Pers.). Dorfstraße 40, 18551 Polchow, Tel. 038302/530 98, Fax 530 85, €*

AUSKUNFT

Tourismusbüro
Hauptstraße 37, 18551 Glowe, Tel. 038302/52 21, Fax 52 52

ZIELE IN DER UMGEBUNG

Bobbin **[112 A2]**
Wie eine Glucke hockt die um 1400 erbaute spätgotische Dorfkirche auf einem Hügel. Sie ist das einzige aus Granitfindlingen erbaute Gotteshaus Rügens. Auf dem Kirchhof blieben bis zu 200 Jahre alte Grabwangen erhalten. Vom

Strandvolleyball auf der Schaabe

🔺 Tempelberg direkt an der Hauptstraße (Parkplatz vorhanden) reicht der Blick bis zum Dornbusch auf Hiddensee. Bobbin ist 4 km von Glowe entfernt.

Hofgut Bisdamitz [112 B1]

In der hofeigenen Käserei wird die Schaf- und Kuhmilch nach traditionellen Verfahren und Rezepten verarbeitet, den Käse gibt es, wie auch Fleisch und Wurstwaren von den eigenen Tieren und weitere Bioprodukte, im eigenen Laden. Neuerdings ist auch eine Gaststätte vorhanden. Bis zum Hofgut, 1 km vor Nardevitz gelegen, sind es von Glowe aus 6 km. *Tgl. 9–19 Uhr, Tel. 038302/92 07.* Hofführungen *jeden Di 16 Uhr, Treffpunkt ist der Parkplatz vor dem Hofladen.*

Insider Tipp

Schaabe [106 B–C3]

★ Traumhaft schöner Strand: 8 km lang, 50 m breit und feiner, weißer Sand. Die Nehrung Schaabe verbindet die Halbinseln Wittow und Jasmund. Am 6 km langen Mittelteil zwischen Glowe und Juliusruh FKK, über 40 m weit geht es flach ins Wasser. Parkplätze gibt es an der Straße. Hotels, Restaurants und Cafés sind nicht vorhanden – also Proviantbeutel mitnehmen! Die Aufforstung der Nehrung erfolgte zwischen 1860 und 1890. Wunderschön ist eine ausgiebige Wanderung entlang der schilfbewachsenen Boddenküste. Aber Vorsicht: Hier gibt es noch Kreuzottern!

Insider Tipp

Schloss Spyker [112 A2]

Einsam am Spykerschen See liegt das *Hotel Spyker,* das nach der Modernisierung zu einer der besten Adressen auf Jasmund wurde. Hunde sind als Begleiter willkommen, die weite Landschaft am Jasmunder Bodden bietet reichlich Auslauf. Zwei Restaurants mit abwechslungsreicher Küche. *35 Zi., 18551 Spyker, Tel. 038302/20 83, Fax 21 86, €€€.* Phantastisch ist der Blick von den 🔺 Zimmern der oberen Etagen.

Um Schloss Spyker, 4 km von Glowe entfernt, ranken sich etliche Legenden. So verstummt bis heute das Gerücht nicht, der Stralsunder Scharfrichter habe 1676 in einer Nacht-und-Nebel-Aktion den legendären Feldmarschall des Dreißigjährigen Krieges, Carl Gustav von Wrangel, den einstigen Schlossbesitzer, im Schlosssaal getötet. Wrangel wurde die Schuld an der Niederlage der Schweden gegen die Preußen in der Schlacht bei Fehrbellin 1675 gegeben.

Steigenberger MAXX
Resort Rügen [112 C3]

Das bislang nahezu unbekannte Dorf Neddesitz mausert sich: Im Sommer 1998 öffnete hier Rügens größte Hotel- und Freizeitanlage Steigenberger MAXX Resort Rügen mit 131 Hotelzimmern, 8 Suiten, 140 Ferienwohnungen (2–6 Pers., 50–80 m²), einer 920 m² großen Badelandschaft mit temperierten Außenbecken sowie Sportanlagen. *18511 Neddesitz, Tel. 038302/95, Fax 908 87, €€€.* Ins historische, restaurierte Gutsherrenhaus zog die Gutsschänke. Hinter der Hotelanlage entstand das jederzeit kostenlos zugängliche *Kreidefreilichtmuseum* mit einem Natur- und Kreidelehrpfad rund um den einstigen Kreidebruch Gummanz sowie einer Reihe historischer Geräte zur Kreidegewinnung und -verarbeitung. Von 1859–1962 wurde hier Kreide unter körperlich schweren Bedingungen abgebaut. 7 km von Glowe entfernt

Kap Arkona

★ ◀╱▶ **[106 B1]** Deutschlands Nordkap gilt als herausragende Sehenswürdigkeit. Es gehört zur Gemeinde Putgarten, doch die ist nahezu unbekannt, der Rügenbesucher fährt nicht nach Putgarten, sondern zum Kap Arkona. Das Auto müssen Sie auf dem Parkplatz von Putgarten zurücklassen, weiter geht es zu Fuß (2,5 km), mit der regelmäßig verkehrenden kleinen Parkbahn oder der Pferdekutsche. Auf der steilen Königstreppe können Sie zum Strand hinabsteigen. *Geöffnet haben alle Einrichtungen tgl. Jan.–März 10–16, April, Mai, Sept.* *und Okt. 10–18, Juni 9.30–20, Juli/ Aug. 9–21, Nov./Dez. 11–15 Uhr.*

SEHENSWERTES

Alte Nebelsignalstation

Die Ausstellung informiert über Seenotrettungsschicksale an der Ostseeküste Deutschlands.

Jaromarsburg

◀╱▶ Den ursprünglichen Tempelbezirk der slawischen Ranen hat das Meer durch Uferbrüche längst verschlungen. Der stehen gebliebene 13 m hohe Wall, über den befestigte Wege und Treppen führen, bietet einen spannenden Blick.

Leuchttürme

Der viereckige, 20 m hohe Turm, nach Entwürfen von Karl Friedrich Schinkel 1826/27 erbaut, wurde 1902 in Pension geschickt. Heute dient er als Museum und Standesamt. Seit 1902 schickt der nebenstehende 34 m hohe Turm bei Dunkelheit sein Blitzfeuer 40 km weit hinaus aufs Meer. Beide Türme können Sie besteigen.

Marinepeilturm

◀╱▶ Das 1927 fertig gestellte runde Bauwerk, das der Kriegsmarine für Funkpeilungen diente, bekam eine moderne Glaskuppel aufgesetzt und wurde zum Aussichts- und Ausstellungsturm.

Rügenhof Arkona

Der Kuh- und der Schafstall des Gutshofs von 1880, an dem die Straße zum Kap Arkona vorbeiführt, wurde völlig umgebaut. Heute darf hier Töpfern, Kerzenziehern und Bernsteinschleifern über die Schultern geschaut werden. Die

Alter und neuer Leuchtturm auf Kap Arkona

historische Druckwerkstatt erfüllt Wünsche der Gäste. Kinder lockt vor allem das Tiergehege, im Freigelände sind historische Ackergeräte aufgestellt. In den Sommermonaten finden Handwerker-, Bauern- und Töpfermärkte statt.

ÜBERNACHTEN

Gasthaus Nobbin
Ruhig gelegenes Haus mit Restaurant und 16 freundlich eingerichteten Zimmern. *Tel. 038391/608, Fax 120 87, €€*

Zum Kap Arkona
Die gemütliche, familiär geführte neue Pension mit Restaurant liegt direkt hinter dem Rügenhof Arkona. *32 Zi., Tel. 038391/43 30, Fax 433 51, €€*

EINKAUFEN

Im *Rügenhof Arkona* gibt es neben der Rügener Seekiste die unterschiedlichsten Frischprodukte: Honig frisch vom Imker, Brot vom Rügenbäcker, Biokäse aus Schafs- oder Kuhmilch, Fischkonserven, Wurstspezialitäten der Inselfleischer sowie das hochprozentige Arkonafeuer. Zu haben sind ferner Rügenkeramik, Bernstein- und Steinschmuck sowie Glaserzeugnisse. Im *Leuchtturmeck* gibt es Souvenirs und Rügenliteratur.

AUSKUNFT

Informationsamt
18556 Putgarten, Tel. 038391/41 90, Fax 419 17, kap-arkona@t-online.de, www.kap-arkona.de

ZIELE IN DER UMGEBUNG

Gellort [106 B1]
Rügens nördlichster Punkt, etwa 600 m nordwestlich von Kap Arkona. Am Strand liegt der viertgrößte Findling der Insel. Der Volksmund gab ihm den Namen Sieben-

schneiderstein, weil auf dem 6,40 m langen und 4,90 m breiten Granitblock sieben Schneider Platz für ihre Arbeit hätten.

Vitt [106 B1]

★ Vom Kap Arkona führt ein 1,4 km langer Weg zum Fischerdorf Vitt, Rügens romantischstem Ort. Dreizehn rohrgedeckte Häuser drängen sich in einer malerischen Liete, wie die Schluchten im Steilufer hier genannt werden. Eins der Häuser beherbergt die gemütliche, viel zu kleine *Gaststätte Zum Goldenen Anker, Tel. 038391/121 34,* €. Am Minihafen verkaufen die Fischer frisch geräucherten Fisch, täglich ab 10 Uhr laden sie zu Rundfahrten zum Kap Arkona ein (Dauer etwa 45 Minuten). Ein Hohlweg führt in das Bilderbuchdörfchen, das aus einer nur während der Heringszeit benutzten Niederlassung, »Vitt« war die Bezeichnung dafür, hervorging. Auf dem Steilufer wurde 1816 die schlichte, achteckige *Kapelle* geweiht, die auf Anregung des Pfarrers und Dichters Ludwig Gotthard Kosegarten entstand. Sie ist ab Ostern bis Oktober täglich geöffnet. Kosegarten war seinerzeit so bekannt, dass für den Bau der Kapelle der König von Sachsen, der Herzog von Sachsen-Weimar, die Stadt Stralsund und die Universität Greifswald Geld spendeten. Seit 1990 schmückt die Kapelle das große Wandgemälde »Menschen im Sturm« von dem italienischen Realisten Gabriele Mucci. Wie einst finden heute in den Sommermonaten wieder Uferpredigten statt. Mit dem PKW ist Vitt nicht erreichbar, einen kostenpflichtigen Parkplatz gibt es in Putgarten. Von dort sind es 2,5 km zu Fuß. Wer nicht laufen möchte: Vom Parkplatz verkehren regelmäßig eine Parkbahn und Pferdekutschen.

SASSNITZ

[113 E–F 4–5] Lang gestreckt liegt Sassnitz (12 000 Ew.), die zweitgrößte Stadt Rügens, am Südrand der bergigen Stubnitz. 1906 schlossen sich die Dörfer Crampas und Sassnitz zusammen, Stadtrecht gab es aber erst 1957. Wenn Sie auf die 130 m hohen ↘ Krampaser Berge steigen, wandert der Blick über die Stadt hinaus auf das unendlich scheinende Meer. Bei schönem Wetter empfiehlt es sich, die 1500 m lange Mole hinauszulaufen, um dem Ein- und Auslaufen der Schiffe zuzuschauen oder die Hanglage der Stadt zu betrachten. Am 6. Juli 1906 verließ das erste Eisenbahnfährschiff den Sassnitzer Hafen in Richtung Trelleborg, eröffnet wurde die »Königslinie« von den Monarchen Deutschlands und Schwedens.

Am 7. Januar 1998 wurde der traditionsreiche Hafen im Zentrum von Sassnitz geschlossen, die Fähren steuern jetzt Neu Mukran an. Dieser Hafen war 1986 eröffnet worden, er besaß für die wirtschaftliche Verflechtung zwischen der DDR und der Sowjetunion enorme Bedeutung. Mit der Kursänderung der Schiffe ging auch eine Namensänderung einher, der Hafen Neu Mukran heißt nun Fährhafen Sassnitz. Die nördlichste Stadt im Osten Deutschlands ist also weiterhin das Tor nach Skandinavien, sie dient aber auch als Ausgangspunkt für Wanderungen in den Nationalpark Jasmund.

Der Stadthafen von Sassnitz ist Ausgangspunkt für Ausflugsfahrten

Heimattiergarten

Wer weder Geduld noch Zeit hat, Steinmarder, Weißstorch und Uhu in der Natur zu beobachten, kann sie im Tierpark sehen. Auch ein Waschbärengehege und ein Affenhaus sind vorhanden. *Tgl. 10 bis 18 (Okt.–April 10–16) Uhr; Am Steinbachtal*

Steinstübchen

Funde aus 70 Mio. Jahre alter Rügener Kreide. *Hauptstraße 25 (in der Stubnitz-Buchhandlung), Mo bis Fr 9–18, Sa 9–12 Uhr*

Fischerei- und Hafenmuseum

Interessantes über die Geschichte der Fischerei und des Hafens. Ein besonders schönes Ausstellungsstück, der alte Fischkutter Havel, liegt direkt am Hafenbecken. *Im Stadthafen, Di–So (April–Okt. tgl.) 10–17 Uhr*

Museum für Unterwasserarchäologie

Das wertvollste Exponat in dem im Aufbau befindlichen Museum: die 700 Jahre alte, vor Hiddensee geborgene Gellenkogge. *Alter Fährhafen, Mitte April–Mitte Okt. tgl. 10–18, sonst tgl. 13–17 Uhr*

Gastmahl des Meeres

Der Name ist Programm: Fisch in allen nur denkbaren Variationen. Er kommt frisch von den Fischern der Insel. *Strandpromenade 2, Tel. 038392/51 70, €€*

Altstadt-Brasserie

Vor allem mediterrane Speisen, insbesondere Fisch. Lecker die Pastagerichte. *Am Alten Markt 4, Tel. 038392 /234 53, €€*

König Gustav

Die Besitzer von Ferienwohnungen sowie die Garni-Hotels empfehlen ihren Gästen das Restaurant zum

Essen – wegen der guten Küche. *Hauptstraße 10a, Tel. 038392/ 223 59,* €€

Konditorei Peters
Leckere Torten. Alle Kuchen frisch gebacken. *Hauptstraße 6*

EINKAUFEN

Gegenüber dem Rügen-Hotel entstand an der Hauptstraße die 7300 m² große *Rügen-Galerie* mit zahlreichen Geschäften und gastronomischen Einrichtungen. Kunsthandwerk aus Rügen und Skandinavien finden Sie in der *Blauen Stube, Hauptstraße 10*

ÜBERNACHTEN

Kunsthof Gut Dargast
🏃 Preiswerte Schlafunterkunft mit dem eigenen Schlafsack auf Heu und Stroh. Dafür gibt es 40 Plätze. Wer Besseres möchte, bucht eines der 10 Zimmer. *Dargast 11, Tel. 038392/ 340 01, Fax 340 02,* €

Insider Tipp

Villa Daheim
Kleine, komplett modernisierte Pension in der Altstadt, 6 großzügige 2- bis 4-Bett-Apartments mit Küche. *Rosenstraße 8, Tel./Fax 038392/501 39,* €

Villa Feodora
12 großzügige Apartments (54– 84 m²) in sonniger, ruhiger Südlage. *Seestraße 24, Tel. 038392/30 60, Fax 306 66,* €€

Waterkant
Hotel garni in modernisierter Villa, sehr schöner Blick. *16 Zi., Walterstraße 3, Tel. 038392/509 41, Fax 508 44,* €€

FREIZEIT & SPORT

In der *Rügentherme* (hinter dem Rügen-Hotel) rauscht in der Schwimmhalle ein kleiner Wasserfall, sprudelt die Whirlbank. Gegenstromanlage und drei Saunen gehören auch zur Anlage. *Bowling* wird in den Bowlingcentern im Stadthafen und im Gewerbepark gespielt. Mehrere Fischer bieten ab dem Sassnitzer Stadthafen *Bootstouren* zum Königsstuhl an (allerdings gibt es dort keine Anlegemöglichkeit). Die 10-Uhr-Tour ist fürs Fotografieren genau richtig, da steht die Sonne besonders günstig.

Insider Tipp

AUSKUNFT

Tourist-Service
Rügen-Galerie 27, Tel. 038392/ 6490, Fax 649 20, mail@touristservice-sassnitz.de, www.touristservice-sassnitz.de

ZIELE IN DER UMGEBUNG

Dobberworth [112 B4]
Das größte bronzezeitliche Hügelgrab an der Ostseeküste ist 3500 Jahre alt. Der Umfang beträgt 150 m, die Höhe 10 m. Einer Sage nach entstand der Hügel, weil eine Riesin den Großen Jasmunder Bodden abriegeln wollte, ihre mit Steinen gefüllte Schürze aber bei Sagard zerriss. Das baumbewachsene Grab liegt 4 km westlich von Sassnitz an der B 96

Lietzow [112 A6]
Das Schlösschen hoch am Hang stellt eine getreue Kopie des historischen Schlosses Lichtenstein südlich von Reutlingen bei Tübingen dar. 1868 ließ es sich der Ingenieur bauen, unter dessen Leitung

Mutprobe

Eine der zahlreichen Legenden, die es auf der Insel gibt

Wer König von Rügen werden wollte, musste Stärke, Mut und Schnelligkeit beweisen. Die Königskrone bekam aufgesetzt, wer als Erster den mächtigsten Kreidefelsen der Stubbenkammer vom Strand aus erkletterte. So soll dieser Felsen zu seinem Namen Königsstuhl gekommen sein. Eine andere Legende weiß über die Namensgebung zu berichten: Schwedenkönig Carl XII. habe 1715 von dem Felsen aus ein Seegefecht zwischen Dänen und Schweden beobachtet.

der Damm zwischen dem Großen und dem Kleinen Jasmunder Bodden, 9 km von Sassnitz entfernt, entstand. Frisch aus dem Rauch kommt der Fisch im Restaurant *Traditions-Fischräucherei, Spitzer Ort 7, Tel. 038302/569 66, €.*

Lohme [113 D1]

Insider Tipp

Einen der schönsten Blicke Rügens haben Sie von der ⬧⬧ Hochufertreppe über den kleinen Hafen bis zum Kap Arkona. Traumhaft ist es, hier den Sonnenuntergang zu beobachten. Die Treppe mit 213 Stufen führt zum Strand, der mit Millionen von Steinen nicht zum Baden einlädt. 250 m östlich der Hochufertreppe liegt der 60 m³ große *Schwanenstein,* Rügens attraktivster Findling. Der rote Granitblock von 4 m Höhe gleicht einer dreiseitigen Pyramide.

Zum Wasserwanderplatz umgestaltet wurde in den letzten Jahren der einstige Lohmer Fischereihafen. Einen spannenden Blick bis zum Kap Arkona haben Sie vom ⬧⬧ *Café Niedlich* auf der Steilküste, *Ostern–Okt. tgl., Tel. 038302/93 46.* Wunderschön ist der Blick ebenfalls

vom ⬧⬧ Wintergarten des Silence-Panoramahotels Lohme, das eine der besten Küchen Rügens präsentiert. Im dazugehörigen *Gästehaus Creys* ist jedes Zimmer anders gestaltet: Junge Leute und jung Gebliebene quartieren sich in dem poppig–erotisch gestaltetem Zimmer 203 ein, wer südliches Flair mag, im Zimmer 205. *18551 Lohme, Dorfstraße 35, Tel. 038302/ 92 21, Fax 92 34, €€*

Nationalpark Jasmund [113 D–F 1–4]

★ Der Königsstuhl und die Wissower Klinken sind die touristischen Perlen in dem 30 km² großen Schutzgebiet nördlich von Sassnitz. Der Nationalpark bewahrt eine Landschaft mit unterschiedlichen Naturräumen, wie es sie in Deutschland sonst nirgends gibt: Buchenwald, aktive Kliffhänge, Quellen, Bäche, Seen, verschiedenartige Moorbildungen, Feuchtwiesen, Trockenrasen und die Flachwasserzone der Ostsee. Im gesamten Gebiet des Nationalparks soll sich die Natur weitgehend ungestört entfalten. Die Wissower Klinken sind auf dem Hochuferweg von Sassnitz nach Stubbenkammer zu erreichen, Motorisierte zweigen von der Straße Sassnitz–Stubbenkammer rechts in einen Weg ab. Vom Parkplatz an der *Gaststätte Waldhalle, Tel. 038392/224 78, €,* sind es etwa 3 Min. bis zu den spitzen Kreidekegeln. Wer nördlich weiterläuft, kommt zu einer großen Bucht, die 1958 bei einem Uferabbruch entstand, und zur  *Ernst-Moritz-Arndt-Sicht.* Hier sollte man unbedingt zurückschauen: Von dieser Stelle aus bietet sich der schönste Blick auf die Wissower Klinken. Vom Hochuferweg gibt es Abstiege zum Strand südlich der Waldhalle im Tal des Wissower Baches, in der Piratenschlucht, am Kieler Bach sowie am Königsstuhl.

Um zu Rügens Kronjuwel, dem *Königsstuhl,* zu kommen, muss man sein Auto auf dem gebührenpflichtigen Parkplatz Hagen abstellen (gut ausgeschilderte Anfahrt). Wer die ca. 3 km nicht zu Fuß gehen möchte oder kann: Von morgens bis abends pendeln Busse. Von der Aussichtsplattform des Kreidefelsens reicht der Blick weit hinaus aufs Meer.

Nationalparkranger (sie sind erkennbar an der grünen Uniform) achten streng auf die Vorschriften, die hier gelten. So dürfen Sie die Wege nicht verlassen, auch das Pflücken von Blumen oder Gräsern ist streng verboten. *Kostenlose Führungen durch einen Teil des Nationalparks: April–Okt. tgl. 11 Uhr ab Parkplatz Hagen.*

Im Nationalpark Jasmund und am Rand des Parks kann man gut und bequem übernachten. Zum einen direkt am Königsstuhlparkplatz in der *Pension Kleine Försterei* mit einer vorzüglichen Wildgaststätte. *6 Zi., 18551 Hagen, Tel. 038302/900 17, Fax 909 01, €€;* zum anderen im *Quasimodo* am Ortsausgang in Richtung Lohme, einem urigen Restaurant mit familiärer Gastlichkeit und vier großzügigen Zimmern. *18551 Hagen, Tel. 038302/909 50, Fax 909 47, Restaurant €€, Hotel €*

Sagard [112 B4]

Nur drei *Boxmuseen* soll es auf der Welt geben: im kanadischen Vancouver, im lettischen Riga und auf Rügen in Sagard, *August-Bebel-Straße 36, April–Mitte Okt. tgl. 10 bis 17, Mitte Okt.–März Di–Sa 10 bis 17 Uhr.* Das 4 km von Sassnitz entfernte Sagard war Rügens erster Badeort, heute erinnert nicht einmal ein Gedenkstein daran.

Beeindruckend wirken die steilen Kreidefelsen vom Strand aus

Rügens kleine Schwester

**Kein Geheimtipp mehr,
aber immer noch ein beschauliches Eiland**

Hotelsilos und Kurpromenade, Diskotheken und Zeltplätze gibt es auf Hiddensee nicht. Die abgeschirmte Insellage hat vieles ursprünglich und beschaulich erhalten, vor allem eine vielgestaltige Natur in unberührter Schönheit. »Dat söte Länneken« wartet mit Salzwiesen, Heidelandschaft, Sandstrand und Steilufer auf. Seit 1995 darf Hiddensee den staatlichen Titel »Seebad« führen.

Die ersten Feriengäste entdeckten das Eiland gegen Ende des 19. Jhs. Die Einsamkeit der Insel zog besonders Dichter, Musiker und Schauspieler magisch an. Gerhart Hauptmann, Max Reinhardt, Thomas Mann, Heinrich George, Asta Nielsen und viele andere wussten, wo man sich erholen kann. Ausgangspunkt für Wanderungen sind die Orte Kloster, Vitte und Neuendorf, die die »Gemeinde Hiddensee« bilden. Alle drei Orte haben kleine Häfen, Bollwerke genannt, in denen die Touristen, die Versorgungsgüter und die Post an Land gesetzt werden. Wer mit großem Gepäck anreist, sollte mit dem Gastgeber das Abholen mit dem

Fischer im Hafen von Vitte

Pferdefuhrwerk oder Handkarren vereinbaren. Die Sparkasse (mit EC-Automat) sowie die Post befinden sich ebenso wie das Touristeninformationsbüro in Vitte, Telefonzellen (Kartentelefone) gibt es überall. Artikel für den täglichen Bedarf gibt es in allen drei Inselorten zu kaufen, Apotheke und Fleischer sind nicht vorhanden. Der Arzt hat seine Praxis in Vitte, der Zahnarzt in Kloster. Nördlich davon, auf dem Dornbusch, richtete Wetterfrosch Jörg Kachelmann das ARD-Wetterstudio Nord ein.

Auf Hiddensee können Sie noch tief durchatmen: Keine privaten Autos und Motorräder verpesten die Luft, nur wenige Dienstkraftfahrzeuge dürfen auf der Insel fahren (darunter der Schulbus, der auch Touristen mitnimmt). Die Inselbesucher müssen die zauberhafte

Auch Pferde fühlen sich im hügeligen Dornbusch wohl

Die Schönheit Hiddensees kann man zu Fuß oder mit dem Rad entdecken

Natur zu Fuß, mit dem Fahrrad oder der Pferdekutsche erkunden. 16,8 km misst die zum Nationalpark Vorpommersche Boddenlandschaft gehörende Ostseeperle in der Länge, selten ist sie breiter als 1 km. Wenn Sie gut zu Fuß sind und Hiddensee in seiner vollen Größe umwandern möchten, haben Sie etwa 50 km zurückzulegen. Trotz der zahlreichen Tagestouristen in den Sommermonaten gibt es noch Plätze, an denen man ungestört dem Zirpen der Insekten, dem Singen der Vögel oder dem Rauschen der Brandung lauschen kann. Wenn Sie mit den Einheimischen allein sein möchten, sollten Sie Hiddensee im Spätherbst, Winter oder zeitigen Frühjahr besuchen. Wer zu diesen Jahreszeiten auf der Insel weilte, dürfte ihr für immer verfallen sein. Camping ist auf Hiddensee nicht gestattet, es ist auch verboten, am Strand oder gar im Wald Lagerfeuer anzuzünden,

Insider Tipp

Hunde sind grundsätzlich anzuleinen. Abgesehen von den Ortslagen wird auf Hiddensee traditionell seit vielen Jahrzehnten FKK gebadet. In den Ortsbereichen werden die Strände in der Sommersaison regelmäßig gereinigt, jedoch nicht, wie anderswo üblich, maschinell: Hier in Hiddensee hilft dabei Dienstpferd Alex.

KLOSTER

[104 B3] Unterhalb des hügeligen Hochlands erstreckt sich Kloster (350 Ew.), das nördlichste Dorf. Die Häuser sind meist von schönen alten Bäumen umgeben, die an heißen Sommertagen angenehmen Schatten spenden. Der Ortsname geht auf die 1296 gegründete Abtei zum hl. Nikolaus zurück, von der sich nichts erhalten hat. Noch zu Beginn des 20. Jhs. bestand Kloster, in dem die Fischerei im Gegensatz zu den anderen Inselorten keine Bedeutung besaß, nur aus Kirche, Gutshaus und fünf Häusern. Erst mit dem Fremdenverkehr entwickelte sich die Ansiedlung zum Dorf, das in den letzten Jahrzehnten auch die angrenzenden Hügel hinaufkletterte.

SEHENSWERTES

Kirche

600 Jahre zählt der verputzte und weiß getünchte Backsteinbau, das einzige Bauwerk Hiddensees aus der Klosterzeit. Der an der Decke hängende Taufengel wurde früher bei Taufen herabgelassen. Vor dem Kircheneingang steht eine kulturhistorisch ansehnliche Sammlung von Grabsteinen aus dem 18. und 19. Jh. Das von Efeu umrankte Grab des 1946 verstorbenen Gerhart Hauptmann ziert ein schlichter Findlingsblock. Es befindet sich links hinter der Kirche. Der Efeu auf Hauptmanns letzter Ruhestätte stammt vom Landsitz des ersten US-Präsidenten George Washington.

MUSEEN

Gerhart-Hauptmann-Gedenkstätte

★ Hier können Sie dem Dichter der Dramen »Die Ratten«, »Die Weber« und »Der Biberpelz« in das einstige Arbeitszimmer schauen. In fünf Räumen des Hauses Seedorn, das der Nobelpreisträger 1930 erwarb und nach seinen Vorstellungen erweitern ließ, blieb die Einrichtung original erhalten. Hauptmann, der 1845 erstmals auf die Insel kam, verbrachte 1943 den letzten Sommer auf Hiddensee. *Mai bis Okt. tgl. 10–17, März/April tgl. 11–16 Uhr*

Heimatmuseum

Der berühmte Hiddenseer Goldschmuck wird in einer verkleinerten Nachbildung gezeigt. Neu ist das Bernsteinzimmer im Erdgeschoss links. Sein Domizil hat das Museum, in dem Sie viel über die Tiere und Pflanzen auf der Insel erfahren, in der früheren Seenotrettungsstation. *April–Okt. tgl. 10–16, Nov.–März Fr/Sa 11–15 Uhr*

MARCO POLO Highlights
»Hiddensee«

★ **Gerhart-Hauptmann-Gedenkstätte**
In Kloster können Sie dem berühmten Dichter ins einstige Arbeitszimmer schauen (Seite 71)

★ **Leuchtturm**
Faszinierende Ausblicke bis zu den Kirchtürmen Stralsunds (Seite 72)

★ **Gaststätte Zum Enddorn**
Bildermuseum in Hiddensees traditionsreicher Gaststätte in Grieben (Seite 73)

★ **Neuendorf**
Ein Dorf ohne Straßen mit rohrgedeckten Häusern auf der grünen Wiese (Seite 73)

Der Leuchtturm auf dem Dornbusch ist das Wahrzeichen Hiddensees

ESSEN & TRINKEN

Zum kleinen Inselblick

Inside Tipp

Bilder, Trödel und deftiges Essen, besonders köstlich die Hiddenseer Aalsuppe. *Klosterbirkenweg 2, Tel. 038300/234,* €€

ÜBERNACHTEN

Hitthim

Traditionsreiches, modernisiertes Haus direkt am Hafen mit urgemütlichem Restaurant. Am Nachmittag sollten Sie den selbst gebackenen Kuchen probieren. *25 Zi., Hafenweg 8, Tel. 038300/66 60, Fax 666 18,* €€–€€€

Wieseneck

Besonders preiswert sind die Zimmer mit Dusche/WC auf der Etage. *Inside Tipp* Restaurant mit guter Hausmannskost. *17 Zi., Kirchweg 18, Tel. 038300/ 316, Fax 680 24,* €

AM ABEND

Von Mai bis Okober finden oft *Konzerte* in der Kirche statt. Die *Gerhart-Hauptmann-Gedenkstätte* lädt zu Schriftstellerlesungen und kleinen Konzerten ein.

ZIELE IN DER UMGEBUNG

Dornbusch   [104 B3]

Das Hügelland nördlich von Kloster ist das beliebteste Wanderziel der Hiddenseebesucher. Ein besonderes Erlebnis ist der Spaziergang im Frühling, wenn der Ginster seine gelbe Blütenpracht entfaltet. Großartige Landschaftsbilder bieten sich von den ✹ Höhen *Inselblick* und *Swantiberg* sowie vom 23 m hohen ★ *Leuchtturm* (1888), dem 45 km weit blinkenden Wahrzeichen Hiddensees. Sogar die Kirchtürme der Hansestadt Stralsund sind zu erkennen. *Mai–Sept. tgl. 10.30–16, Fr zusätzlich 19–21 Uhr.* Im Winter die Öffnungszeiten bei der Insel-Information erfragen.

Im Dornbuschwald an der Steilküste – ideal für jene, die Einsamkeit und Natur mögen – liegt die *Pensionsgaststätte Zum Klausner,* Pension mit fünf Ferienhäusern für zwei bis vier Personen und sieben Zimmern, *18565 Kloster; Tel. 038300/66 10, Fax 661 20, €€.* Im Sommer zünftiges Gartenrestaurant

Grieben   [104 B3]
Die ältesten Häuser der Insel, 1769 und 1771 erbaut, stehen im 2 km von Kloster entfernten Grieben. Gleich rechter Hand der Treffpunkt von Künstlern und Intellektuellen, die ★ *Gaststätte Zum Enddorn,*

Tel. 038300/460, €. Der Enddorn ist eine Bilderkneipe, etwa 250 Aquarelle, Ölgemälde und Zeichnungen mit Hiddenseemotiven zieren die Wände.

NEUENDORF

[104 B5] ★ Der unter Denkmalschutz stehende Ort (300 Ew.) hat sich sein Aussehen als Fischerdorf bewahrt. Neuendorf ist die ruhigste Siedlung Hiddensees, die meisten Tagestouristen pendeln zwischen Kloster und Vitte. Die weiß getünchten, meist rohrgedeckten Häuser stehen fein ausgerichtet von Ost nach West auf der grünen Wiese, ohne Zäune und ohne richtige Ortsmitte. Vielfach sind runenartige Hausmarken an Türen und Eingängen angebracht. Als Lesen und Schreiben im Volk unbekannt waren, kennzeichneten die Familien

Kachelmanns Wetterstudio

Das Inselwetter täglich aktuell im Fernsehen

Auch im abgelegensten Alpendorf kennt man mittlerweile den Leuchtturm von Hiddensee. Dank Jörg Kachelmann, dem Wetterfrosch der ARD. Denn auf dem Dornbusch, der Erhebung im Norden der kleinen Ostseeinsel, installierte er das ARD-Wetterstudio Nord-Hiddensee. Im ARD-Morgenmagazin zu jeder halben Stunde nach den Nachrichten, um 19.51 Uhr im "Wetter im Ersten" und auf N 3 im "Nordmagazin" um 19.55 Uhr sind aktuelle Wetterdaten und Bilder vom Norden der Insel Hiddensee zu sehen. Das Wetter Hiddensees zu verkünden ist meist eine angenehme Aufgabe. Denn die Insel gehört mit 1800 bis 1900 Sonnenstunden im Jahr zu den sonnenreichsten Regionen Deutschlands. Besonders im Frühjahr und Frühsommer scheint die Sonne fleißig, denn da ist die Ostsee noch verhältnismäßig kalt und deshalb die Wolkenbildung gering

Beliebtes Fotomotiv: die »Blaue Scheune« in Vitte

mit diesen Symbolen ihr bewegliches und unbewegliches Eigentum. Neuendorf, das Dorf ohne Straßen, bietet ein Bild der Harmonie.

ESSEN & TRINKEN

Rosis Café und Restaurant
Köstliche, regionale Fischgerichte. Am Nachmittag schmeckt der selbst gebackene Sanddornkuchen. *Tel. 038300/501 68,* €€

Gasthus Up Westerend
Eine gute Adresse im Dorf, Fisch in allen Variationen. *Tel. 038300/ 501 25,* €

ÜBERNACHTEN

Am Windflüchter
In dem ruhig gelegenen Haus von Ute Lüdtke mit den acht praktisch eingerichteten Ferienwohnungen fühlt man sich wohl. *Tel. 038300/ 364, Fax 365,* € –€€

ZIEL IN DER UMGEBUNG

Süder-Leuchtturm [104 A5]
12 m hoch ist der kleine 1905 bis 1907 erbaute Leuchtturm, kurz Lucht genannt. Der Hin- und Rückweg von Neuendorf beträgt etwa 5 km. Am Ende des Schutzwaldes an der Außenküste versperrt ein Zaun den Weg: dahinter liegt das Vogelschutzgebiet Gellen.

VITTE

[104 B4] Das Dorf (650 Ew.) ist die Inselhauptstadt, denn hier hat die Gemeinde- und die Kurverwaltung ihren Sitz. Vitte besteht aus einem Sammelsurium an Häusern unterschiedlicher Baustile, erbaut von Zugereisten. Nur kleine Bereiche von Norderende und Süderende, wie die Hiddenseer sagen, konnten ihren ursprünglichen Charakter bewahren. Die *Mühle* hat sich ein Architekt als Sommerwohnung ausgebaut. Die *Blaue Scheune* aus der ersten Hälfte des 18. Jhs., eins der meistfotografierten Bauwerke der Insel, bekam vor fast 100 Jahren ihren blauen Anstrich. Das runde Haus mit der Aufschrift *Karusel* am nördlichen Ortsausgang, entworfen vom Bauhausarchitekt Max Taut, gehörte in den Goldenen Zwanzigerjahren des 20. Jhs. der Stummfilmdiva Asta Nielsen. Namhafte Künstler waren hier zu Gast, am häufigsten der Schriftsteller Joachim Ringelnatz (»Kuddel Daddeldu«). Im Haus nebenan mit dem schiefen Dach soll der Filmstar Henny Porten gewohnt haben.

Nationalparkhaus

Die Ausstellung in dem rohrgedeckten Haus am Nordende von Vitte vermittelt viele Informationen über die Insel, den Nationalpark Vorpommersche Boddenlandschaft und das Verhältnis des Menschen zur Natur. Sie steht unter dem Motto »pantha rhei«, alles fließt. Im kleinen Vortragsraum informieren Videos über den Nationalpark. *April–Sept. tgl. 10–16, Okt.–März tgl. 10–15 Uhr*

Feuerstübchen

Essen, trinken und als kostenlose Zugabe Ausstellungen einheimischer Künstler. *Süderende 192, Tel. 038300/438*

Sanddorneck

Vorzüglich die Sanddorntorte und der Sanddornlikör nach Großmutters Rezept. Lecker sind auch die Fischgerichte. *Schulweg 1, Tel. 038300/505 18, €€€*

Seepferdchen

Täglich ofenfrischer Sanddornkuchen, köstlich ist der mit Sanddorngelee gefüllte Schokoladenkuchen. *Mai–Okt. geöffnet. Süderende 84, Tel. 038300/266*

ÜBERNACHTEN

Der überwiegende Teil der 4000 Betten auf Hiddensee wird privat vermietet.

Hotelanlage Heiderose

19 rohrgedeckte Ferienhäuser (je 2 Wohnungen mit 2 Zi. für 3 Personen), Sauna, Solarium, Fitnessraum, Restaurant und 34 Zimmer im Hotel. Herrlich gelegen, 10 Min. zum Strand. *In den Dünen, Tel. 038300/630, Fax 631 24, €€*

Hotel Post Hiddensee

Die zwölf schicken Apartments (30 bis 100 m²) stellen auch anspruchsvolle Gäste zufrieden. Aufmerksamer, liebenswerter Service. Bei schönem Wetter wird im Garten serviert. *Wiesenweg 26, Tel. 038300/64 30, Fax 643 33, €€ tgl. 10–15 Uhr*

AM ABEND

Das *Homunkulus Figurentheater* aus Berlin spielt im Sommer in der *Seebühne, Wallweg 2*. Gezeigt werden Stücke für Erwachsene und Kinder, aber auch Nachtshows. *Programminfo Tel. 038300/60593*

AUSKUNFT

Insel-Information

Norderende 162, 18565 Vitte, Tel. 038300/642 26, Fax 642 25, insel. information@t-online.de, www.hiddensee.de

Das Tor zu Rügen

Gotische Backsteinbauten schmücken Straßen und Plätze der einst reichen Hansestadt Stralsund

Das am Strelasund emporgewachsene Stralsund gehörte zu den mächtigen Hansestädten und war einst sehr reich. Seine fotogenste Seite zeigt Stralsund in Richtung Rügen, heute wie zu Zeiten Wilhelm von Humboldts: »Ein schöner Anblick ist Stralsund von Rügen aus mit seinen hohen und gotischen Türmen, dem wunderbar gebauten Rathaus und den vielen spitzen Giebeln mit durchbrochenem Mauerwerk.« Das eindrucksvollste Bild bietet sich in den Abendstunden von Altefähr, wenn die letzten Sonnenstrahlen die hoch hinaufstrebenden Türme der drei Stadtkirchen umspielen. Stralsund, seit jeher eng mit Rügen verbunden, blieb trotz Zerstörungen durch Kriege und Plünderungen eine Stadt voller bemerkenswerter Bauten im Stil der norddeutschen Backsteingotik.

Altefähr, Turmuhr der Schifferkirche

birgt sie unzählige Zeugen der Historie. Beim Bummel durch die schmalen Gassen werden Sie sich oft (mit etwas Phantasie, wohlgemerkt!) in die Hansezeit versetzt fühlen. An fast jeder Ecke stehen prachtvolle Backsteinbauten, auf dem Alten Markt weiß man nicht, wohin man zuerst blicken soll. Fast jedes Gebäude atmet Geschichte, so das Rathaus, das ehrwürdige Wulflamhaus oder das aus der Schwedenzeit stammende Commandanten-Hus, in dem der schwedische Stadtkommandant residierte. Einzigartig ist der Blick vom Turm der Marienkirche – wie eine Spielzeugstadt liegt Ihnen die Altstadt zu Füßen, umschlossen vom Franken- und Knieperteich, die im 13. Jh. als Fischteiche angelegt wurden, und vom Strelasund.

Die Altstadt ist klein und trotz der vielen Gassen überschaubar, alle Sehenswürdigkeiten lassen sich

STRALSUND

Karte in der hinteren Umschlagklappe

[108 B–C4] Die Altstadt von Stralsund (63 700 Ew.) besitzt internationale Bedeutung. Zwischen Neuem Markt, Altem Markt und Hafen

Stralsund – über den Dächern der alten Hansestadt

bequem zu Fuß erlaufen. Gut beraten sind jene Rügenbesucher, die einen ganztägigen Ausflug in die traditionsreiche Hansestadt unternehmen. In Zentrumsnähe gibt es zahlreiche Parkplätze, die Ausschilderung dorthin ist gut.

SEHENSWERTES

Dielenhaus

Spätgotisches Giebelhaus; bei der Rekonstruktion erhielt es wieder die für die Hansezeit typische 5 m hohe Diele. Im Gebäude werden Kunstausstellungen gezeigt *(Mühlenstraße 3)*. Weitere sehenswerte Bürgerhäuser stehen in der Mühlen-, Mönch- und Badenstraße. Im *Giebelhaus (17. Jh.), Fährstraße 23,* kam Carl Wilhelm Scheele zur Welt, der als Entdecker des Sauerstoffs weltberühmt wurde.

Heilgeisthospital

Eine städtische Gründung des 13. Jhs. für Arme und Kranke. Erhalten blieben die dreischiffige spätgotische Hallenkirche, der Innenhof mit hölzernen Galerien und das Elendshaus aus dem 17. Jh. In den letzten Jahren wurde die Anlage mit viel Aufwand liebevoll restauriert. *Wasserstraße 49*

Jakobikirche

Bei einem Bombenangriff 1944 wurde das Gotteshaus schwer beschädigt, erst nach fast fünf Jahrzehnten war die äußere Wiederherstellung abgeschlossen. Der 68 m hohe Westturm der Kirche gilt als der schönste von den drei städtischen Pfarrkirchen. Das Bauwerk wird heute für Konzerte und andere Veranstaltungen genutzt. *Böttcherstraße*

Johanniskloster

Im einstigen Kloster bewahrt das Stadtarchiv seine Schätze auf, einige davon werden oft in Sonderausstellungen gezeigt. Besichtigt werden können Kreuzgang, Räucherboden, Barockbibliothek und Kapitelsaal. Die nach Entwürfen Ernst Barlachs geschaffene »Pietà« steht in der Kirchenruine. Nach der Reformation übernahm die Stadt das Franziskanerkloster und nutzte es als Armenhaus. Dörfliches Idyll im Stadtzentrum verbreiten die Wirtschaftsgebäude aus Fachwerk. *Mitte Mai–Mitte Okt. Di–So 10–17 Uhr, Schillstraße*

Marienkirche

★ ◆ 226 Stein- und 119 Holzstufen führen auf den 104 m hohen Turm mit barocker Haube. Der phantastische Blick entschädigt für den mühevollen Aufstieg. Die Marienkirche gehört zu den Meisterwerken der norddeutschen Backsteingotik, das Hauptschiff zählt mit 99 m Länge und 32,5 m Höhe zu den besonders großen an der Ostseeküste. Ein Erlebnis sind die Sommerkonzerte auf der Barockorgel (mit 3500 Pfeifen) von Friedrich Stellwagen. Das bedeutendste barocke Grabdenkmal im Ostseeraum steht in einer Kapelle: Auf dem prunkvollen Marmorsarkophag ist der 1732 verstorbene schwedische Graf von Lilljenstedt in Lebensgröße zu sehen. *Neuer Markt*

Nikolaikirche

★ Der erste Nachfolgebau der Lübecker Marienkirche, entstanden als Symbol der Macht des Bürgertums. Die Kirche birgt eine Fülle von Kunstschätzen: 5 m hohes gotisches Kruzifix über dem Hochaltar,

barockes Taufgehäuse mit prunk-
vollem Aufbau, Renaissancekanzel
aus Sandstein mit Marmor, barocker Hauptaltar. Die 2,25 m große
Stuckplastik Anna Selbdritt gehört
zu den berühmten mittelalterlichen
Großplastiken im Ostseegebiet. Ein
Kleinod europäischer Uhrmacher-
kunst: die Astronomische Uhr.
1394 wurde sie in Gang gesetzt
(das bezeugt eine lateinische In-
schrift unter dem Zifferblatt), seit
dem 16. Jh. steht sie aber still. *Alter
Markt (Eingang Badenstraße)*

Rathaus
Eine Augenweide: die nach 1370
errichtete nördliche Schaufassade.
Der Bau wird oft als das schönste
Rathaus Norddeutschlands bezeichnet. Sie können das Bauwerk auf
dem lang gestreckten Innenhof mit
seiner Barockgalerie und der Büste
von König Gustav II. Adolf »unter-
wandern«, ohne eine Tür zu benutzen. *Alter Markt*

Schiffer-Compagnie
Ihre Mitglieder pflegen Stralsunds
Seefahrtstradition. Zu sehen sind

*Prachtexemplar der Hansearchitek-
tur: das Rathaus von Stralsund*

Zeugnisse der maritimen Vergangenheit. Prunkstück des Hauses ist

MARCO POLO Highlights »Stralsund«

★ **Marienkirche**
Phantastisch: der Blick vom
104 m hohen Turm und
Konzerte auf der Stellwagen-
Orgel (Seite 78)

★ **Nikolaikirche**
Beeindruckender Reichtum
an Kunstschätzen aus
mehreren Jahrhunderten
(Seite 78)

★ **Hansedom**
Toller Freizeit- und
Erholungspark mit Palmen
und Strand (Seite 82)

★ **Deutsches
Meeresmuseum**
Im Aquarium tummeln sich
Fische – von der Antarktis
bis zu den Tropen
(Seite 81)

das 2 m lange und mit 96 Kanonen bestückte Modell des schwedischen Linienschiffs Prinz Carl, das die Compagnie seit dem 18. Jh. besitzt. Die Compagnie wurde 1488 gegründet, 1635 zog sie in ihr heutiges Domizil. *Besichtigung Mo–Fr 9.30–11 und 13–15.30 Uhr, Frankenstraße 9*

Schill-Gedenkstätten

Eine Gedenkplatte im Bürgersteig vor dem Haus *Fährstraße 21* erinnert an Ferdinand von Schill. An dieser Stelle kam der preußische Offizier am 31. Mai 1809 im Unabhängigkeitskrieg gegen Napoleon I. ums Leben. Schills Kopf wurde als Siegestrophäe abgetrennt, in Braunschweig beigesetzt und der Rumpf schließlich auf dem Stralsunder Knieperfriedhof bestattet *(Eingang Hainholzstraße, 250 m die Lindenallee entlang, dann rechter Hand)*. An der *Sarnowstraße* steht seit 1909 ein Schill-Denkmal.

Stadtbefestigung

Am Knieperwall wurde ein Teil der Stadtbefestigung mit Wehrturm, Wiekhaus und Wehrgang rekonstruiert. Von den einst elf Stadttoren blieben das Kütertor (heute Teil der Jugendherberge) und das Kniepertor (heute eine Wohnung) erhalten, die beide ihr heutiges Aussehen im 15. Jh. bekamen.

Tierpark

Über 800 Tiere leben in den Gehegen auf der großen Anlage, u. a. Pumas, Wasserbüffel, Schimpansen und Löwen. Für Kinder finden Ponykutschfahrten statt. *April bis Sept. 9–18, Okt.–März bis 16 Uhr, Barther Straße*

Wulflamhaus

Ein kostbares Backstein-Giebelhaus. Bürgermeister Bertram Wulflam ließ es im 14. Jh. erbauen. Das Gebäude wird als Restaurant genutzt. Im Brauhaus auf dem Hof

Dieses Skelett eines Finnwals hängt im Meeresmuseum

richtete das Theater Vorpommern seine Probebühne ein. *Alter Markt 5*

Deutsches Meeresmuseum

⭐ Das größte Museum seiner Art in Mitteleuropa. Hinter 6 cm starken Scheiben des Aquariums tummeln sich Meeresbewohner von der Antarktis bis zu den Tropen. 5 m hoch ist der originalgetreu aufgebaute Ausschnitt eines Korallenriffs aus dem Roten Meer. *Tgl. 10–17 Uhr, Juli/ Aug. 9–18 Uhr, Schaufüttern der Haie und Kraken Sa/So und an Feiertagen 11 Uhr. Katharinenberg 14 bis 17, Eingang: Mönchstraße 25*

Kulturhistorisches Museum

Hier kann der berühmte Hiddenseer Goldschmuck bestaunt werden – allerdings nicht das Original (das liegt im Tresor), sondern eine gelungene Nachbildung. Das bereits 1858 gegründete Museum zeigt im Ostteil des ehemaligen Katharinenklosters Ausstellungen zur Ur- und Frühgeschichte und zur Geschichte Stralsunds. *Di–So 10 bis 17 Uhr, Mönchstraße 25–27.* In einem Getreidespeicher aus dem 18. Jh. ist eine ethnografische Ausstellung zu sehen. *Di–So 10–17 Uhr, Böttcherstraße 23*

Marinemuseum Dänholm

Die kleine Insel im Strelasund, über die seit 1936 die Rügendammbrücke führt, gilt als Wiege der preußischen Marine. Das Museum dokumentiert die Marinegeschichte Stralsunds. *Di–So 10–17 Uhr*

Nautineum Dänholm

Das 86 t schwere Unterwasserlabor (UWI) »Helgoland« gehört zu den interessantesten Museumsobjekten im Norden Deutschlands. In den Siebzigerjahren des 20. Jhs. lebten und arbeiteten in ihm Wissenschaftler in den Meerestiefen des Atlantiks sowie in der Nord- und Ostsee. Das 14 m lange, 7 m breite und 7 m hohe UWI liegt seit 1999 im weitläufigen Gelände des Alten Tonnenhofes auf der Insel Dänholm. Zu sehen sind ferner Großgeräte der Meeres- und Fischereiforschung, ein Reusenplatz der Fischer und Deutschlands größter Eisbrecher »Stephan Jantzen«. *Mai–Okt. tgl. 10–17 Uhr, zwischen dem Stadthafen und dem Nautineum verkehrt von 10 bis 16 Uhr stündlich ein Shuttleboot.*

Das Restaurant

Kulinarische Köstlichkeiten, das Haus wurde von Gastronomiezeitschriften vielfach gelobt. *Tribseer Straße 22 (im Hotel Zur Post), Tel. 03831/20 05 00, €€€*

Klabautermann

Die lockere Atmosphäre, die leise Seemannsmusik und die maritime Einrichtung haben den Klabautermann rasch beliebt werden lassen. *Am Querkanal 2, Tel. 03831/ 29 36 28, €€*

Tafelfreuden im Sommerhaus

Der Name wird der Küche gerecht. Die Speisen werden frisch und pfiffig zubereitet. *Jungfernstieg 5a, Tel. 03831/299260, €€€*

Wulflamstuben

Historisches Restaurant in einem Patrizierhaus. *Alter Markt 5, Tel. 03831/29 15 33, €€€*

Einkaufen auf dem Alten Markt

EINKAUFEN

Zwischen Altem und Neuem Markt zieht sich die *Ossenreyerstraße* entlang, Stralsunds Bummelboulevard. Zeitgenössische Kunst, besonders von norddeutschen Künstlern, zeigt die *Hanse-Galerie, Heilgeiststraße 30.* Nachbildungen des Hiddenseer Goldschmucks verkaufen die *Goldschmiedemeister Saffran, Mönchstraße 34, Schulz, Mühlenstraße 8 und Stabenow, Badenstraße 1.*

ÜBERNACHTEN

Steigenberger Baltic Hotel
Komplett modernisiertes Haus mit Wellnessbereich. *135 Zi., Frankendamm 22, Tel. 03831/20 40, Fax 20 49 99, €€€*

Dorint im Hansedom Stralsund
Das Komforthotel bietet eine der größten Wassererlebnis- und Saunawelten Europas. *114 Zi., Grünhofer Bogen, Tel. 03831/377 30, Fax 377 31 00, €€€*

Norddeutscher Hof
Kleines, familiär geführtes Haus neben der Marienkirche. *13 Zi., Neu-*

er Markt 22, Tel. 03831/29 31 61, Fax 28 79 39, €€

Unter den Linden
Neues Haus in ruhiger Stadtrandlage mit Fitnesscenter und 38 wohnlich eingerichteten Zimmern. *Lindenallee 41, Tel. 03831/44 20, Fax 44 22 70, €€*

Schlossparkhotel Hohendorf
Das klassizistische Schloss mit 45 Hotelzimmern liegt ca. 10 km nordwestlich von Stralsund in einer wunderbaren Parklandschaft. *18445 Prohn, Tel. 038323/806 38, Fax 814 12, €€€* Neu sind 20 Luxusferienhäuser (149 m^2) mit Innen-Swimmingpool mit Gegenstromanlage sowie das Sport- und Freizeitzentrum. *18445 Hohendorf, Tel. 038323/25 00, Fax 250 61, €€–€€€*

Jugendherberge
🏃 Direkt im Stadtzentrum, 180 Betten, Familienzimmer. *Am Kütertor 1, Tel. 03831/29 21 60, Fax 29 76 76*

FREIZEIT & SPORT

American-Bowling, eine vollklimatisierte 14-Bahn-Anlage und ein alter Eisenbahnwagen mit amerikanischem Speiseangebot, *Heinrich-Heine-Ring 120 c.* Im ⭐ *Hansedom* erwartet Sie auf 13 ha ein unvergleichliches Freizeiterlebnis (Wellenbad unter Palmen, Ostseestrand mit Strandkörben, Sportzentrum mit Tennis, Squash, Kletterwand, Bowling- und Kegelbahnen, *Grünhufer Bogen 18–20).* *Ruderboote* werden am Knieperteich vermietet. Die *Schiffe der Weißen Flot-*

te nach Hiddensee legen am Ippenkai ab *(bei der Seestraße)*, dort steht auch der *Fahrkartenpavillon, Tel. 03831/26 81 16,* wo die *Hafenrundfahrten (Mai–Sept.)* starten.

AM ABEND

Oper, Ballett und Schauspiel bietet *das Theater Vorpommern, Tel. 03831/26 46 62.* 🏃 Die Lautsprecher dröhnen *Mi–So ab 20.30 Uhr in der Disko Fun und Lollipop, Grünhufer Bogen 13 (im Strelapark).* In der *Spielbank* stehen 80 Glücksspielautomaten, abends findet das große Spiel American Roulette und Black Jack statt. *Di und Do ab 20 Uhr* kostenlose Einführung in das Glücksspiel, *Tribseer Damm (im Hanse Center)*

Insider PP

AUSKUNFT

Stadtinformation

Ossenreyerstraße 1/2 (neben dem Rathaus), 18439 Stralsund, Tel. 03831/246 90, Fax 24 69 49, INFO-HST@t-online.de, www.stral sund.de

ZIELE IN DER UMGEBUNG

Altefähr [108 C4]

� Von Rügens erstem Ort können Sie Stralsund von seiner schönsten Seite betrachten. Zwischen Stralsund und Altefähr tuckert eine Personenfähre über den Strelasund *(Mai–Sept. 10.45–17.45 Uhr)*. Der Ortsname weist auf die »alte Fähre« hin, die seit dem 13. Jh. nachweisbar ist. Wassersportler besuchen die Surf- und Segelschule *Sail & Fun*. Auf dem Landweg sind es von Stralsund knapp 4 km bis Altefähr.

Kranich-Informationszentrum Groß Mohrdorf [108 A2]

Insider Tipp

40 000 Kraniche verweilen jährlich im Frühjahr und im Herbst an ihrem größten mitteleuropäischen Rastplatz. Das Zentrum 15 km nordwestlich von Stralsund informiert über Mythos, Brut, Rast und Überwinterung der Großvögel und nennt Beobachtungstürme an den Schlaf- und Äsungsplätzen. *März–Juni Mi–So 10–16, Juli/Aug. und Nov. Di–So 10–16.30, Sept./Okt. Mo–So 9.30–17.30 Uhr*

Sundschwimmen

Der traditionsreiche Wettstreit gilt als das bedeutendste deutsche Langstreckenschwimmen

Im Jahr 1825 überquerten erstmals Schwimmer den Strelasund. Seit 1928 wird das Sundschwimmen regelmäßig durchgeführt. Die Wassertemperatur beträgt meist etwa 17 bis 18 Grad. Wegen des großen Interesses wurde die Teilnehmerzahl auf 1000 begrenzt. Etwa 50 Boote begleiten die Schwimmer auf der Strecke von Altefähr auf Rügen nach Stralsund und sorgen für deren Sicherheit. Für die 2,3 km benötigen die schnellsten Sundüberquerer etwa 25 Minuten. 2001 gab es erstmals ein 1,1 km langes Kinder-Sundschwimmen parallel zum Stralsunder Sundufer.

Große und kleine Entdeckungen

Die Touren sind in der Karte auf dem hinteren Umschlag und im Reiseatlas ab Seite 104 grün markiert

1 PHANTASIEVOLLE BÄDERARCHITEKTUR

Die Seebäder Göhren, Baabe, Sellin und Binz sowie die Stadt Sassnitz schmücken sich mit Häusern, deren Baustil als Bäderarchitektur bezeichnet wird. Die Autotour entlang der Ostküste hat eine Länge von 50 km.

In *Göhren (S. 45)* erinnert wenig an das einstige Dorf, die Fischer- und Bauernhäuser entsprachen zu Beginn des 20. Jhs. nicht mehr den Wünschen der immer zahlreicher anreisenden Feriengäste. Für sie entstanden kleine Hotels und Pensionen in einem Baustil, der eigentlich keiner ist: Wilhelminische Bäderarchitektur. So wird ein Konglomerat verschiedener Baurichtungen bezeichnet, gotische und klassizistische Elemente sind ebenso anzutreffen wie orientalische und alpenländische Einflüsse. Die Architekten holten sich Anregungen auf der ganzen Welt.

Für immer verloren gegangen ist leider die Göhrener Seebrücke, die

Ein Beispiel für Bäderarchitektur: das Hotel Vineta in Binz

mehreren Eispressungen nicht Stand halten konnte. Die Reste mussten 1953 gesprengt werden. Nach der Einheit Deutschlands entstanden in Göhren wie auch in Binz und Sassnitz neue Seebrücken. Einst besaßen die Seebrücken Brückenhäuser mit Fahrkartenschalter, Gepäckabfertigung, Zimmernachweis und Zeitungskiosk, im Brückenkopf der Binzer Brücke gab es sogar ein Restaurant. Lediglich die neue Seebrücke in Sellin bekam Aufbauten, die an den Vorgängerbau erinnern.

Im Nachbarort von Göhren, dem stillen *Baabe (S. 38)*, reihen sich die kleinen Hotels und Pensionen entlang der schnurgerade zum Strand führenden Straße. In *Sellin (S. 48)* bildet die Wilhelmstraße eine Art Freilichtmuseum der Bäderarchitektur. Die Häuser schmücken sich mit Burgzinnen und Türmchen, mit antik gestalteten Säulen, verzierten Holzveranden und phantasievollen Dachaufbauten. Die alte, 600 m lange Selliner Seebrücke, deren Aufbauten auch dem Stil der Bäderarchitektur zuzurechnen waren, hatten im Winter 1941 Eisschollen zerstört. Die meisten Bauten im Stil der Bäderarchitektur hat *Binz (S. 40)* vorzuweisen. Hierher reisten einst die Wohlhabenden, mit Zofe, Diener und später dann mit Chauffeur. Das Ostseebad hat sich eine Menge von dieser Noblesse erhalten, an der Strandpromenade und den dahinter verlaufenden Straßen reihen sich die Häuser im Stil der Bäderarchitektur eins ans andere.

Fast alle Hotels und Pensionen waren in den 40 Jahren DDR arg verkommen, wurden doch alle beheizbaren Häuser 365 Tage im Jahr bis auf das letzte Bett belegt, der Verschleiß war enorm. Doch so makaber das klingen mag: Die DDR-Mangelwirtschaft hatte auch ihre guten Seiten. Da es an Material und an Geld zum Erhalt der Bauten fehlte, war logischerweise auch nichts da, um sie zu modernisieren oder gar abzureißen. Es blieb erhalten, was im Westen Deutschlands spätestens in den 1960er-Jahren Bauten aus Glas und Beton weichen musste. Die Seebäder an der Ostküste Rügens haben sich somit ein unverwechselbares Gesicht bewahren können, das die Besucher immer wieder entzückt. Fast alle Häuser mit ihren phantasievollen Fassaden wurden in den letzten Jahren sorgfältig restauriert.

Die Fahrt nach Sassnitz führt durch *Prora (S. 44)*, Hitlers »Seebad der Zwanzigtausend«, das Europas größte Ferienanlage werden sollte. Auch hier entstand »Bäderarchitektur«, doch eine völlig andere. In schlichter Sachlichkeit, stark an die Bauhausarchitektur erinnernd, wurden von 1936 bis zu Kriegsbeginn fünf jeweils 500 m lange, sechsstöckige Wohntrakte hochgezogen. Manches, was die Nationalsozialisten geplant hatten, blieb

Utopie, so die Fest- und Kongresshalle für 20 000 Personen. Was mit dem Torso an einem der schönsten Strände Rügens geschehen soll, darüber bestehen bis heute verschiedene Meinungen.

Sassnitz (S. 63) war ab 1860 das führende Bad Rügens. 1912 zählte die Stadt 42 Hotels und Pensionen. Seine Führungsrolle musste Sassnitz aber schon zu Beginn des 20. Jhs. an andere Orte abgeben, die mit herrlichen Stränden aufwarten können. Zu DDR-Zeiten verkam der alte Glanz, der gegenwärtig mit viel Mühe und Aufwand wieder hergestellt wird.

2 DURCH DEN JASMUNDER NATIONALPARK

Vom Parkplatz Hagen durch den Nationalpark zum Königsstuhl.

Den berühmten Kreidefelsen Königsstuhl darf man nicht mehr mit dem Auto ansteuern, das muss auf dem Parkplatz Hagen abgestellt werden. Von dort fahren Pendelbusse zum Königsstuhl. Reizvoll ist der ungefähr 2,3 km lange, mit weiß-gelb-weißen Schildern markierte Wanderweg dorthin, der durch einen besonders schönen Teil des Nationalparks Jasmund führt.

Das Schild »Wanderweg Königsstuhl« am Ende des Parkplatzes zeigt, wo es losgeht. Der Weg verläuft nördlich der Straße, die zum berühmtesten Kreidefelsen Rügens führt. Am Eingang in den Wald befindet sich links ein Torfmoor, das Wasser wie ein Schwamm speichert. Das Moor, in dem bis zum Beginn des Zweiten Weltkriegs Torf gestochen wurde, entstand bereits vor Jahrtausenden. Wenig weiter ragen etwa 50 Jahre alte Sitka-Fichten hoch auf, die sich von ihren heimischen Schwestern durch ihre schuppige Borke unterscheiden. Diese nordamerikanische Baumart gehört nicht zur natürlichen Vegetation Jasmunds. Die besteht vielmehr aus Rotbuchen, die vor etwa tausend Jahren zum vorherrschenden Baum in dieser Region Rügens wurden. Rotbuchen mögen das kühl-feuchte Klima, das auf Jasmund herrscht. Nur in bodenfeuchten Bachtälern und Quellmulden sind im Nationalpark Esche und Erle anzutreffen. Ein solch kleiner Erlensumpf befindet sich direkt neben dem Weg auf der linken Seite.

Buchen rahmen den auf einer Höhe von 114 m gelegenen 2 ha großen Herthasee ein, dessen Maximaltiefe 11 m beträgt. Die wassergefüllte Senke ist vermutlich das Ergebnis der letzten Eiszeit, als ein gewaltiger Eisblock liegen blieb und erst viel später taute. Der See soll, so die Sage, die Kultstätte der altgermanischen Göttin Hertha gewesen sein. An der Nordseite des Herthasees erhebt sich ein etwa 10 m hoher Wall, der von einer slawischen Fluchtburg aus dem 7./8. Jh. erhalten blieb.

Seit 1990, als der Buchenwald auf Jasmund Bestandteil des Nationalparks wurde, greift der Mensch nicht mehr in den Kreislauf der Natur ein. Die Buchen können jetzt ihr natürliches Alter von etwa 350 Jahren erreichen und auf natürliche Weise absterben. Umgestürzte, an Altersschwäche gestorbene Bäume gehören deshalb zum gewohnten Bild des Nationalparks. Das Totholz wird von Kleintieren und Pilzen zu fruchtbarem Humus zersetzt, auf dem sich Buchenkeimlinge ansiedeln und einen neuen Buchenwald bilden.

Leuchtende Kreidefelsen über sattem Grün: Beim Küstenwandern im Nationalpark Jasmund ein häufig gesehenes Bild

Über eine kleine Erhöhung, ein bronzezeitliches Grab, erreichen Sie den ⬧ *Königsstuhl (S. 67)* mit einer etwa 200 m² großen Plattform. Im Jahr 1584 taucht der 117 m hohe Felsen zum ersten Mal in einer Chronik auf. Von der Höhe geht der Blick über den steinübersäten Strand und den Waschstein, einen 22 m³ großen und 59 t schweren Findling, weit hinaus aufs Meer.

Auskunft: *Nationalparkamt Rügen, Außenstelle Stubbenkammer, Tel. 038392/350 11*

3 ÜBER DIE ZICKERSCHEN BERGE

Von Groß Zicker durch einen Teil des Biosphärenreservats nach Gager und zurück.

Das Land Zicker, wie die von der Hagenschen Wiek, der Kaming und der Zickersee eingerahmte Halbinsel genannt wird, gehört zu Mönchgut, der südöstlichsten Ecke Rügens. Zu ihrem Namen kam sie, weil sie sich einst im Besitz des Klosters Eldena bei Greifswald befand. Die Halbinsel ist eine der letzten naturnahen Weidelandschaften Norddeutschlands. Die Wanderung über die Zickerschen Berge hat eine Länge von etwa 14 km.

Die Erwartungen sollten nicht zu hoch geschraubt werden: Die Berge sind Hügel mit kleinen Wäldern und Trockenrasen. Für Autos gibt es am Ende der Dorfstraße von *Groß Zicker (S. 51)* einen Parkplatz. Der Weg führt zunächst geradeaus; nach dem Kransen genannten Kiefernwäldchen kann man rechts hinauf zum ⬧ Zickerberg wandern.

Was übertrieben Berg heißt, ist eine Erhöhung von genau 66 m. Bänke laden zu einer Rast ein, in Ruhe lässt sich der großartige Blick hinunter in die Lindal genannte Senke und von dort auf die Hagensche Wiek genießen. Diese südöstlichste Ecke Rügens gehört immer noch zu den touristisch weitgehend unentdeckten Regionen.

Der Abstieg vom Zickerberg erfolgt durch den Griepelgrund zum bewaldeten Hochufer des Nonnenlochs. Vor Jahrhunderten soll es hier toll zugegangen sein, wenn man der Legende glauben darf: Die Nonnen des Bergener Klosters verlustierten sich an dieser Stelle heimlich mit den Mönchen von Eldena. Am Nonnenloch gibt es einen Abstieg zum Strand, die beiden dort liegenden Findlinge haben ein Gewicht von 41 und 27 t. Wieder auf dem Hochufer, kann man weiter zum Svantegard wandern, wie die kleine Nordwestnase des Landes Zicker heißt. Die Schweden bemühten sich 1806, hier einen Hafen zu errichten. Doch über Anfangsarbeiten sind sie nicht hinausgekommen.

Auf alten Seekarten ist südwestlich vor der Küste die Insel Stubber eingezeichnet, die sich heute bei Niedrigwasser als eine mit Steinblöcken belegte Sandbank zeigt. 1893, so verzeichnen die Annalen, wurden auf ihr 37 Seehunde erlegt. Die Insel gibt es nicht mehr, weil die in Gager einst ansässigen Steinzanger mit ihren Schuten kamen und die Steine für den Molen-, Villen- und Hotelbau holten. 1906 schließlich wurde ein Verbot für das »Steinfischen« erlassen, doch für die Insel Stubber war es zu spät – die existierte schon nicht mehr.

Die Halbinsel Mönchgut ist eines der letzten naturnahen Weidegebiete Norddeutschlands. Das wissen auch die Schafe zu schätzen

Die Wanderung führt weiter zur Strandwiese am Lindal und von dort zum Dorf Gager mit zahlreichen aus dem 18. und 19. Jh. stammenden rohrgedeckten Fischerbauernhäusern. Zum Trocknen aufgehängte Netze und am Ufer vertäute Boote verraten: Auch heute wird noch gefischt. In der Ortsmitte führt ein Betonplattenweg zum kleinen, Mitte der 1930er-Jahre ausgebauten Hafen. Weiter geht es durch einen kleinen Wald zum 66,4 m hohen Bakenberg. Der höchste Punkt von Mönchgut bietet einen großartigen Rundblick. Der Bakenberg war – wie das gesamte Land Zicker – im Mittelalter dicht bewaldet. Rücksichtslos wurde das Holz in den vergangenen Jahrhunderten geschlagen, wurden Ackerbau und Weidewirtschaft betrieben, bis schließlich der heute charakteristische Trockenrasen entstand. Das Land Zicker gehört zum Biosphärenreservat Südostrügen. In den Reservaten wird eine von Menschen geprägte Kulturlandschaft geschützt, gepflegt und entwickelt, während in den Nationalparks sich die Natur ohne menschliches Zutun nach ihren eigenen Gesetzen entfalten soll. Weltweit hat die Unesco in 75 Staaten über dreihundert solcher Schutzgebiete im Rahmen des Forschungsprogramms »Der Mensch und die Biosphäre« geschaffen. Der weitere Weg führt vorbei am Friedhof und zurück zum Ausgangspunkt, dem Dorf Groß Zicker. In seinen »Streifzügen durch das Rügenland« schwärmte Johann Grümbke 1803: »... zog ich in Gedanken eine gerade Linie von Putbus über Cirkow nach Prora. Was jenseits davon ostwärts liegt, ist das wahre Paradies von Rügen.« Zu dieser so gerühmten Landschaft gehört das Land Zicker.

Auskunft: *Nationalparkamt Rügen, Tel. 038303/88 50*

Angeln, Golfen und Radfahren

Zahlreich sind auf Rügen die Angebote für aktive Betätigung

Faul am Strand liegen ist nicht mehr in, immer mehr Rügenreisende betätigen sich aktiv. Möglichkeiten gibt es viele.

ANGELN

Rügen gehört zu den besten Angelrevieren Deutschlands. Für die befristete Angelberechtigung ist ein auf den eigenen Namen lautender Fischereischein erforderlich. *Landesamt für Fischerei, Dr.-Lorenz-Weg 1, 18059 Rostock, Tel 0381/40 51 80, Fax 405 18 43*

GOLF

Golfspieler treffen sich in Karnitz, die dortige *Golf-Academy* leitet ein erfahrener Golfprofi. Gegolft wird ebenfalls auf dem *Bakenberg. Golfanlage Schloss Karnitz, Tel./Fax 038304/124 20; Golfcenter Bakenberg, Tel. 038391/91 40, Fax 91 41 14*

Insider Tipp

RADFAHREN

Rügen ist bei Radlern beliebt, auf der autofreien Insel Hiddensee ist

Die Boddengewässer sind ein beliebtes Segelrevier

Radeln sogar ein Muss. Das Radwegenetz misst auf Rügen gegenwärtig etwa 200 km. Fahrräder stehen in fast allen Ferienorten zum Mieten bereit, auch viele Hotels halten welche für ihre Gäste zur Verfügung. Komfort-Radwandertouren mit Gepäckservice: *Die Mecklenburger Radtour, Zunftstr. 4, 18437 Stralsund, Tel. 03831/28 02 20, Fax 28 02 19*

REITEN

Die Insel vom Rücken eines Pferdes aus zu erkunden hat seinen besonderen Reiz. Für Ungeübte erfolgen die Touren in Begleitung. *Reit- und Pferdehof Altkamp, 18581 Altkamp, Tel. 038301/617 30; Reiterhof Groß Stubben, 18574 Groß Stubben, Tel. 038307/262*

WASSERSPORT

Mönchgut und die Insel Ummanz sind die Ziele der Surfer. Nachdem mehrere Häfen ausgebaut wurden, haben auch die Segler Rügen entdeckt. *Surfschule Mönchgut, 18586 Thiessow, Tel. 038308/303 60; Segelschule Rückenwind, Am Yachthafen, 18581 Putbus-Lauterbach, Tel. 038301/809 40*

Rügenrundreise in 20 Minuten

Auch bei Regenwetter bietet die Insel Kindern amüsante Vergnügungen

Am Strand toben und Sandburgen bauen, das möchten wohl alle Kinder an Schönwettertagen. Spaß macht es auch, auf den Schutzdeichen entlangzuradeln, mit einer Pferdekutsche zu fahren oder auf einem der Abenteuerspielplätze herumzutollen. Rügen bietet aber viel mehr. Auch wenn dunkle Wolken am Himmel entlangziehen oder es sogar regnet, wenn Herbst- oder Winterstürme über die Insel jagen, müssen Kinder auf Rügen nicht quengelig sein.

Mit der Emma um Rügen   [105 D6]

Rügens bedeutendste Bauwerke in nur 20 Minuten kennen lernen? Im Rügen-Park ist das möglich. Auf einer 100 mal 60 m großen, vom Wasser umspülten, künstlich angelegten Insel stehen sie alle als detailgetreue Nachbauten: das Jagdschloss Granitz ebenso wie die Leuchttürme auf dem Kap Arkona. Ferner sind berühmte Bauwerke aus aller Welt im Maßstab 1:25 zu sehen. Man muss nicht einmal zu ihnen laufen, denn durch die parkähnliche Anlage rollt auf schmalen

Hier gibts Streicheleinheiten nach vorsichtiger Annäherung

Gleisen die Minibahn »Emma«. Sie rattert am schiefen Turm von Pisa vorbei, an den Pyramiden von Gizeh und am Weißen Haus in Washington. Im Spielbereich warten unter anderem eine Riesenrutsche und ein Wildwasserrondell. Am Eingang steht eine Messlatte: Kinder von drei bis zwölf Jahren zahlen nämlich nach Größe 1,50–6,50 Euro; Für Erwachsene kostet es 8 Euro. *Gingst, April–Okt. tgl. 9–18 Uhr, www.ruegenpark.de*

Mit Dampf auf schmalen Gleisen   [109 B3]

Aus der Ferne sehen die Züge wie eine Spielzeugeisenbahn aus. Nur dass die Dampflokomotiven zischen, pfeifen und dampfen. »Rasender Roland« wird das Bähnlein scherzhaft im Volksmund genannt, denn die Höchstgeschwindigkeit beträgt nur 30 km/h. Wer flink ist, kann an manchen Stellen fast nebenherlaufen und im Sommer, so sagen zumindest Lästermäuler, Blumen pflücken. Im Winter legt der Schaffner Kohlen in die Kanonenöfen, damit es in den Kleinbahnwagen mollig warm wird. *Die Fahrt von Putbus nach Göhren kostet Erwachsene 8 Euro, Kinder 4 Euro. Rügensche Kleinbahn, Binzer Str.*

Für viele Inselgäste ist die Fahrt mit dem Rasenden Roland ein Muss

122, 18581 Putbus, www.rasender-roland.de

gen, April–Okt. tgl. 9–18 Uhr, Nov. bis März tgl. 9–16 Uhr, www.stralsund.de/freizeit/tierpark

Tiere beobachten und streicheln [108 B4]

Weißbüscheläffchen, Schimpansen, Waschbären, Polarwölfe und Känguruhs tummeln sich im Tierpark Stralsund. Der Besuch ist eine spannende Reise durch die phantastische Welt der Tiere. Zu den Kostbarkeiten gehören 16 weiße Esel, von denen auf der ganzen Welt nur noch etwa 50 Stück leben. Im Streichelgehege sind Tiere hautnah zu erleben. *Eintritt: Erwachsene 2,60 Euro, Kinder 1 Euro. Stralsund, Barther Straße/Grünhofer Bo-*

Badespaß am James-Bond-Felsen [108 B4]

Vom Ostseestrand in Binz oder Göhren zum warmen Wasser im tropischen Regenwald, zu den Maya-Ruinen, dem James-Bond-Felsen oder den Felsformationen Nevadas. Das sind die Besuchermagnete im Hansedom, vor allem in den kalten Monaten, aber auch im Sommer, wenn das Wetter nicht mitspielt. Wildwasserbach mit Stromschnellen, Riesenwasserrutsche, Strömungskanal mit Wasserfall und vieles mehr bieten tolle Erlebnisse. Und das bei angenehmen Wassertemperaturen von mindestens 26 Grad, mit denen die Ostsee selbst an den heißesten Tagen nicht aufwarten kann. Im Kids-Club Seesternchenoase gibt es Animationen. Eintritt für 2 Stunden: Erwachsene *9,75 Euro, Kinder 7,20 Euro. Grünhofer Bogen 18–20, Stralsund*

Die »Havel« wurde zum Museumsschiff [107 E5]

Das Ruder im Steuerhaus bewegen oder sich sogar in die Kapitänskoje legen und sich wie der Käptn fühlen: Auf dem 26,5 m langen Fischkutter »Havel« ist das möglich. Mitte 1990 wurde er für immer im Stadthafen von Sassnitz vertäut und dient nun als Museum. 33 Jahre wurde von der »Havel« mit Schleppnetzen auf Hering, Dorsch, Makrele und Seelachs gefischt. In dem zum Fischerei- und Hafenmuseum gehörenden Schiff blieb alles originalgetreu erhalten. *Eintritt: Erwachsene 2,50 Euro, Kinder 1,25 Euro. Sassnitz, Di–So (April–Okt. auch Mo) 10–17 Uhr*

Fische, Fische und nochmals Fische [108 B4]

Der japanische Riesenkrake hat Beine, die länger als 1 m sind. Mit zahlreichen anderen Meerestieren tummelt er sich im Deutschen Meeresmuseum hinter den bis zu 60 mm dicken Aquarienscheiben. Lieblinge der Kinder sind die possierlichen Seepferdchen, die giftigen Rotfeuerfische und die intelligenten Kraken. *Schaufüttern* im Aquarium Sa/So 11 Uhr. *Eintritt: Erwachsene 4,50 Euro, Kinder 3 Euro. Stralsund, Katharinenberg 14–20, tgl. 10–17, Juli/Aug. 9–18 Uhr, www.meeresmuseum.de*

Unterricht im »Pantoffelgymnasium« [115 D5]

Mit dem Vorzeigen der Fingernägel und der Taschentücher beginnt Frau Lehrerin die historische Schulstunde im Schulmuseum. Lediglich auf das einst übliche Waschen der Füße am Brunnen verzichtet sie. Und wer nicht folgsam ist, bekommt auch nicht den immer noch vorhandenen Rohrstock zu spüren, sondern erntet nur einen strafenden Blick. Die historischen Schulstunden *(Mi 10 Uhr, Juli/Aug. auch Di 10 Uhr)* sind für Groß und Klein eine Gaudi. Alle, die daran teilnehmen, bekommen am Ende ein Zeugnis überreicht. »Pantoffelgymnasium« nannte man früher auf Rügen scherzhaft die Dorfschulen, in denen die Kinder von der 1. bis zur 8. Klasse gemeinsam in einem Raum saßen. *Eintritt: Erwachsene 2,50 Euro, Kinder 1,50 Euro. Middelhagen, April–Juni und Sept./Okt. Di–So 10–17, Juli/Aug. tgl. 10–18 Uhr*

Schumi spielen [110 B1]

Hier gibts Fahrspaß für die ganze Familie – und das ohne Führerschein, Stau und Tempolimit. Auf der 300 m langen Gokartbahn am Rand des Rugards fahren Drei- bis Sechsjährige in Elektroautos, ab einem Alter von sechs Jahren darf in einem Buggy Platz genommen werden, und Kinder ab acht Jahren können sich hinter das Steuer eines Gokarts klemmen. Gute Fahrt! *Preis für 15 Minuten 7,50 Euro, Bergen (von der B 196 am Abzweig Buschwitz abbiegen), Mai–Okt. tgl. 10–20 Uhr*

Insider Tipp

Insider Tipp

Angesagt!

Was Sie wissen sollten über Trends, die Szene und Kuriositäten auf Rügen

Den Hühnergott um den Hals

Rügen hat seine Wundersteine: die Hühnergötter, wie die kleinen durchlöcherten Feuersteine genannt werden. Einst wurden sie Hühnern und Enten ins Nest gelegt, weil man glaubte, sie würden die Gesundheit des Federviehs verbessern. Etwas von dem Glauben hat sich bis in die Gegenwart erhalten. Viele sehen in den Hühnergöttern Glücksbringer, sie suchen am Strand eifrig nach kleinen Exemplaren, um sie am Lederband (Jungen) oder Silberkettchen (Mädchen) um den Hals zu tragen.

Hüllenlos am Strand

Auf Rügen und Hiddensee werden die Hüllen fallen gelassen. Nach der Einheit war das teilweise anders, da kamen die »Wessis«, und denen trieben die vielen blanken Busen und Pos die Schamröte ins Gesicht. Das FKK-Baden wurde daraufhin eingeschränkt. Doch die Ostdeutschen haben dieses Terrain Zoll für Zoll zurückerobert. War doch zu DDR-Zeiten das Nacktbaden eine der wenigen Freiheiten, die ihnen ihre Führung ließ.

Ostalgie

Wenn die einstigen DDR-Kultbands Puhdys, City oder Elektra auf Rügen spielen, kommen manche Schulklassen geschlossen zum Konzert. Es ist Kult bei jungen Leuten, der Musik zu lauschen, mit denen ihre Eltern groß geworden sind. Und in das mit Honecker- und Ulbrichtbildern geschmückte Café Blickwinkel in Prora pilgern ebenfalls junge Menschen, um in den Tausenden

von Büchern aus DDR-Verlagen zu wühlen oder DDR-Schallplatten zu kaufen. Ostalgie wird im Westen dieses Phänomen genannt, mit dem sich mittlerweile sogar Wissenschaftler beschäftigen.

Rügen wird zur Heiratsinsel

Aus allen Teilen Deutschlands kommen Verliebte auf die Insel, um sich im Schinkel-Leuchtturm auf Kap Arkona, im Jagdschloss Granitz, auf der Selliner Seebrücke oder auf einem der zahlreichen Kutter über den Ostseewellen das Jawort zu geben. Die Nachfrage ist so groß, das man auf dem Kap mittlerweile die Notbremse ziehen musste und die jährlichen Eheschließungen limitierte.

Von Anreise bis Wetter

Hier finden Sie kurz gefasst die wichtigsten Adressen und Informationen für Ihre Rügenreise

ANREISE

Auto

Aus Westen auf dem ersten Teilstück der neuen Küstenautobahn bis Rostock und von dort weiter auf der B 105 nach Stralsund und auf der B 96 über den Rügendamm (Schließzeiten beachten!). Von Süden auf der Autobahn (A 24, ab Autobahndreieck Wittstock A 19) bis Rostock und von dort weiter auf der B 105 und der B 96. Oder auf der Autobahn A 11 bis zur Anschlussstelle Prenzlau, weiter auf der B 109 nach Greifswald, von dort auf der B 96a bis Stralsund. Wer das Nadelöhr Rügendamm meiden möchte: die B 96a in Richtung Reinberg/Stahlbrode verlassen (gute Ausschilderung vorhanden) und mit der von April bis Oktober täglich im 20-Minuten-Takt von 6 bis 21.40 Uhr verkehrenden Glewitzer Autofähre übersetzen.

Bahn

Alle Züge nach Rügen fahren über Stralsund und den Rügendamm. Die günstigste Anreise aus den Ballungsgebieten an Rhein und Ruhr bietet im Sommer ein Nachtzug, Abfahrtsorte sind Hagen, Wuppertal, Solingen, Köln, Düsseldorf, Duisburg, Essen, Bochum und Dortmund. Nachtzüge rollen auch von Baden-Württemberg (ab Stuttgart) und Bayern (ab München) nach Binz. Autozüge nach Sassnitz verkehren von Mitte Juni bis Mitte Oktober von Dortmund (Tagesverbindung) und von Frankfurt-Neu Isenburg und Stuttgart-Kornwestheim (beides Nachtverbindungen mit Liege- und Schlafwagen).

Flugzeug

Die nächsten internationalen Flughäfen sind Berlin und Hamburg, zum Rügener Flugplatz Güttin gibt es keinen Linenflugverkehr.

Schiff

Mit dem Schiff: Fährverbindungen nach Sassnitz bestehen vom schwedischen Trelleborg, vom litauischen Klaipeda (früher Memel), vom russischen Kaliningrad und von Bornholm. Die Insel Hiddensee ist nur auf dem Seeweg erreichbar, mit dem Schiff von Stralsund und Schaprode (im Sommer auch von Zingst, Breege und Wiek/Rügen).

AUSKUNFT

Allgemeine touristische Informationen sowie den jährlich erscheinenden, über 200 Seiten umfassenden

Urlauberkatalog bekommen Sie bei der *Tourismuszentrale Rügen Gmbh, Am Markt 4, 18528 Bergen, Tel. 03838/807 70, Fax 25 44 40, tourismusverband-ruegen@t-on line.de, www.ruegen.de*

AUTO

»Auf Rügen auch am Tag mit Licht« empfehlen Verkehrswacht und Polizei den Autofahrern. Sie erhoffen sich davon mehr Sicherheit auf den unfallträchtigen Inselstraßen. Denn Dreiviertel der Verkehrswege auf Rügen sind Alleen. Unter dem grünen Blätterdach gibt es stark wechselnde Lichtverhältnisse, der Abstand vom Fahrbahnrand zu den Bäumen beträgt zuweilen kaum einen halben Meter – das angeschaltete Licht soll für die notwendige Aufmerksamkeit sorgen. *ADAC-Pannenhilfe: Tel. 01802/22 22 22*

BRÜCKENSPERRUNG

Die Ziegelgrabenbrücke des Rügendammes wird am Tag mehrmals hochgeklappt, um größeren Schiffen die Durchfahrt zu ermöglichen: *2.30–2.50, 5.20–5.40, 9.20–9.40, 17.20–17.40, 21.30–21.50 Uhr.* Die Zeiten können sich mit dem Fahrplanwechsel der Deutschen Bahn AG verändern. In den Ferienmonaten entstehen durch die Brückenöffnungen oft kilometerlange Staus.

FÄHRVERKEHR

Die Glewitzer Autofähre verkehrt von April bis Oktober täglich zwischen 6 und 21.40 Uhr. Bei Sturm sollten Sie sich erkundigen, ob Fährverkehr besteht: *Tel. 0161/ 440 72 17.* Die Wittower Autofähre verbindet die Halbinsel Wittow

PRAKTISCHE HINWEISE

mit Zentralrügen, sie verkehrt im Pendelverkehr (mindestens halbstündlich) von 5.50 bis 20.50 Uhr von der Halbinsel Wittow und von 6 bis 21 Uhr von Zentralrügen; von November bis März bis 18.50 bzw. 19 Uhr. Bei Sturm vorher anrufen, ob Fährverkehr besteht: *Tel. 0171/ 272 25 37.* Personenfähren fahren von Schaprode zur Insel Hiddensee von Mai bis Anfang September täglich etwa 15-mal, im Winter seltener. Es gibt ausreichend bewachte Parkplätze. Auch von Stralsund aus startet, allerdings nur im Sommer, dreimal täglich eine Fähre. *Auskunft über Abfahrtszeiten: Reederei Hiddensee, Tel. 03831/26 81 16, Fax 26 81 30, www.reederei-hiddensee.com*

GELD

In den Ostseebädern ist meist alles teurer als im Hinterland, bei den Übernachtungspreisen ebenso wie beim Essen. Achten Sie auf günstige Angebote, beispielsweise bei Museen auf Familienkarten. Wer mit einer schmaleren Geldbörse First Class wohnen möchte, kann das von Mitte Oktober bis vor Weihnachten und von Anfang Januar bis Mitte April. Da bieten schicke Hotels im Rahmen einer vom Landestourismusverband initiierten Aktion das ==Doppelzimmer mit Frühstück für nur 55 Euro== an. Gängige Kreditkarten werden in den meisten Hotels und größeren Restaurants akzeptiert. Bankautomaten gibt es in den bedeutenden Ferienorten.

INTERNET

Interessante Websites: Rügen im Überblick: *www.ruegen.de;* Natio-

nalpark Vorpommersche Boddenlandschaft: *www.nationalpark-vor pommersche-boddenlandschaft.de;* Kranich-Informationszentrum: *www.kraniche.de;* Theater in Putbus: *www.theater-putbus.de;* Busverkehr: *www.rpnv.de*

INTERNETCAFÉS

Rügen ist eine Ferieninsel, deshalb ist Internetanschluss in den Hotelzimmern nicht gefragt und auch kaum vorhanden. Wer seine E-Mails von Laptop aus abfragen möchte: *Internetcafé Baanet in Baabe, Fritz-Worm-Str. 1, Tel. 038303/ 959 80, www.baanet.de; Internetcafé Boddensch@nke in Vitte auf Hiddensee, Tel. 038300/605 72, www.inselcomputer.de*

NOTRUFE

Feuerwehr, Rettungsdienste *Tel. 112;* Polizei *Tel. 110*

Was kostet wie viel?

 **Strandkorb** höchstens 6 Euro pro Tag

 Kaffee ca. 1,25 Euro für eine Tasse

 **Kurtaxe** max. 2,30 Euro pro Tag in der Hauptsaison

 Bier etwa 1,75 Euro für 0,3 l vom Fass

 Fahrrad 5–6 Euro Miete für einen Tag

 **Ausblick** 1 Euro kostet der Blick vom Königsstuhl

ÖFFNUNGSZEITEN

Wer bei den Gaststätten sicher-
gehen möchte, ob geöffnet ist, sollte sich telefonisch erkundigen. Im
Winter bleibt die Tür manchmal ta-
ge- oder wochenlang zu. Auch
manche Hotels schließen im Win-
terhalbjahr ganz oder teilweise. Bei
Geschäften in den Seebädern gilt
die Bäderregelung: Von März bis
Oktober dürfen sie samstags bis 20
Uhr, sonntags von 12 bis 18 öffnen.

TELEFON & HANDY

Rügen besitzt eins der modernsten
Telefonnetze in Deutschland. In
den reichlich vorhandenen öffent-
lichen Telefonzellen gibt es meist
Kartentelefone. Handybesitzer
brauchen nur kleine Funklöcher zu
beklagen.

TAXI

*Funktaxiruf auf Rügen: 03838/
25 26 27, für Stralsund: 03831/
29 20 00. Wer die letzte Personenfähre von oder nach Hiddensee ver-
passt hat, der kann sich einfach ein
Wassertaxi bestellen: Tel. 0171/
745 77 10 (Störtebeker), Tel. 0171/
745 77 13 (Pirat), 0171/642 80 21
(Anna-Maria II).*

VERANSTALTUNGS-HINWEISE

Das Kultur- und Veranstaltungsma-
gazin »Rügen & Stralsund aktuell«
erscheint neunmal im Jahr. Sie
können es in zahlreichen Geschäften, in Hotels und in den Touristen-
informationsstellen bekommen.
*www.ruegen-aktuell.de, www.stral
sund-aktuell.de*

Wetter auf Rügen

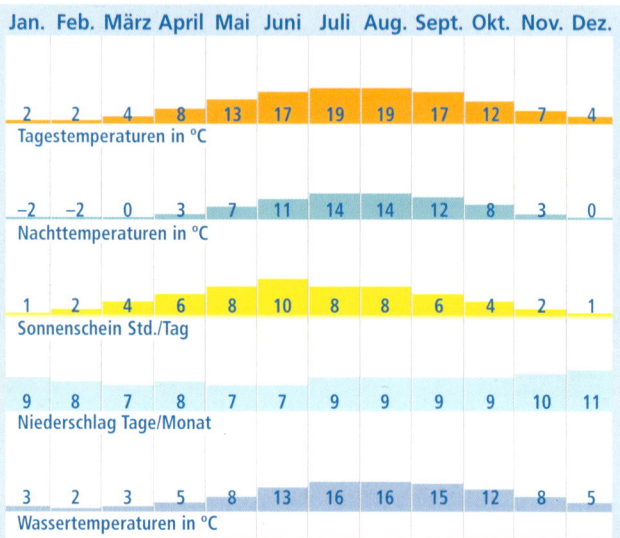

	Jan.	Feb.	März	April	Mai	Juni	Juli	Aug.	Sept.	Okt.	Nov.	Dez.
Tagestemperaturen in °C	2	2	4	8	13	17	19	19	17	12	7	4
Nachttemperaturen in °C	−2	−2	0	3	7	11	14	14	12	8	3	0
Sonnenschein Std./Tag	1	2	4	6	8	10	8	8	6	4	2	1
Niederschlag Tage/Monat	9	8	7	8	7	7	9	9	9	9	10	11
Wassertemperaturen in °C	3	2	3	5	8	13	16	16	15	12	8	5

Reiseatlas Rügen

Die Seiteneinteilung für den Reiseatlas finden Sie auf dem hinteren Umschlag dieses Reiseführers

Mit freundlicher Unterstützung von

kein urlaub ohne
holiday autos

www.holidayautos.com

total relaxed in den urlaub: einsteiger-übung

1. lehnen sie sich ganz entspannt zurück und gleiten sie in gedanken zu den cleveren angeboten von holiday autos. stellen sie sich vor, als weltgrösster vermittler von ferienmietwagen bietet ihnen holiday autos
   • mietwagen in über 80 urlaubsländern
   • zu äusserst attraktiven preisen

2. vergessen sie jetzt die üblichen zuschläge und über- raschungen. dank
   • alles inklusive tarife und
   • wegfall der selbstbeteiligung
   steht ihr endpreis bei holiday autos von anfang an fest.

3. nehmen sie ganz ruhig den hörer, wählen sie
   0180 5 17 91 91 (24pf/min), surfen sie zu
   www.holidayautos.com oder fragen sie in ihrem roicobüro nach don topangeboten von holiday autos!

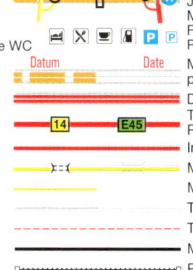

Autobahn · Gebührenpflichtige Anschlussstelle · Gebührenstelle · Anschlussstelle mit Nummer · Rasthaus mit Übernachtung · Raststätte · Kleinraststätte · Tankstelle · Parkplatz mit und ohne WC	Motorway · Toll junction · Toll station · Junction with number · Motel · Restaurant · Snackbar · Filling-station · Parking place with and without WC
Autobahn in Bau und geplant mit Datum der Verkehrsübergabe	Motorway under construction and projected with completion date
Zweibahnige Straße (4-spurig)	Dual carriageway (4 lanes)
Fernverkehrsstraße · Straßennummern	Trunk road · Road numbers
Wichtige Hauptstraße	Important main road
Hauptstraße · Tunnel · Brücke	Main road · Tunnel · Bridge
Nebenstraßen	Minor roads
Fahrweg · Fußweg	Track · Footpath
Wanderweg (Auswahl)	Tourist footpath (selection)
Eisenbahn mit Fernverkehr	Main line railway
Zahnradbahn, Standseilbahn	Rack-railway, funicular
Kabinenschwebebahn · Sessellift	Aerial cableway · Chair-lift
Autofähre	Car ferry
Personenfähre	Passenger ferry
Schifffahrtslinie	Shipping route
Naturschutzgebiet · Sperrgebiet	Nature reserve · Prohibited area
Nationalpark, Naturpark · Wald	National park, natural park · Forest
Straße für Kfz. gesperrt	Road closed to motor vehicles
Straße mit Gebühr	Toll road
Straße mit Wintersperre	Road closed in winter
Straße für Wohnanhänger gesperrt bzw. nicht empfehlenswert	Road closed or not recommended for caravans
Touristenstraße · Pass	Tourist route · Pass
Schöner Ausblick · Rundblick · Landschaftlich bes. schöne Strecke	Scenic view · Panoramic view · Route with beautiful scenery
Golfplatz · Schwimmbad	Golf-course · Swimming pool
Ferienzeltplatz · Zeltplatz	Holiday camp · Transit camp
Jugendherberge · Sprungschanze	Youth hostel · Ski jump
Kirche im Ort, freistehend · Kapelle	Church · Chapel
Kloster · Klosterruine	Monastery · Monastery ruin
Schloss, Burg · Schloss-, Burgruine	Palace, castle · Ruin
Turm · Funk-, Fernsehturm	Tower · Radio-, TV-tower
Leuchtturm · Kraftwerk	Lighthouse · Power station
Wasserfall · Schleuse	Waterfall · Lock
Bauwerk · Marktplatz, Areal	Important building · Market place, area
Ausgrabungs- u. Ruinenstätte · Feldkreuz	Arch. excavation, ruins · Calvary
Dolmen · Menhir · Nuraghen	Dolmen · Menhir · Nuraghe
Hünen-, Hügelgrab · Soldatenfriedhof	Cairn · Military cemetery
Hotel, Gasthaus, Berghütte · Höhle	Hotel, inn, refuge · Cave

Kultur

Kultur	Culture
Malerisches Ortsbild · Ortshöhe	Picturesque town · Elevation
Eine Reise wert	Worth a journey
Lohnt einen Umweg	Worth a detour
Sehenswert	Worth seeing
Landschaft	**Landscape**
Eine Reise wert	Worth a journey
Lohnt einen Umweg	Worth a detour
Sehenswert	Worth seeing

A **B** **C**

1

3km

2 O S T S E E

Drans

3 72

Dornbusch
Enddorn

Grieben Altbessin
Libben
Neubessin

Bug
Vitter

Kloster

Vitte

Schutzzone I
3

Rassow Vitte · Wiek 1¼ h Ost

Wittower

4 ⭐⭐ **Hiddensee**

Bodden
Insel Hiddensee
Fährinsel

Vaschvitz

5
Seehof
6
Neuholstein Holst
Poggenhof Retelitz Grans
½ h Lehsten Zu
Charlottendorf 2 Udars
Neuendorf Schaproder 6,5

½ h 3 Schaprode
5 Bodden Streu
T Öhe
2

Udarser
Wiek

Nationalpark

Vorpommersche

Tankow

Boddenlandschaft
Haide
U m m a n z
3
Gellen
7 Dorfkirche
6 Suhrendorf Waase 12
1
Varbelvitz
108 104 Wusse 2,5
B o c k ort Mursewiek

Zingst Straslund

D

Bakenberg
Gramtitz
Lancken
Starrvitz
Nonnevitz
Schwarbe
15
23
Wollin
Zühlitz
Gudderitz
Presenske
2,5
Altenkirchen
2,5
Lanckensburg
Wiek
Breege
Zürkvitz
17
Bohlendorf
6
Lobkevitz
Breeger
Schmantevitz
Bodden
Parchow
Kammin
Bischofsdorf
6
Woldenitz
4,5
Vieregge
Lebbin
Breetzer
Lebbin
Hochilgor Grubnow
Breetz
Liddow
Moor
Liddower Haken
Fischersiedlung
Moritzhagen
Neuenkirchen
4
Libnitz
Reetz
Jabelitz
Zessin
8,5
Tetitzer
Tribbevitz
Tetzitz
Neundorf
See
Groß Banzelvitz
Trent
Ganschvitz
Helle
2
Zirmoisel
Bubkevitz
2,5
Rappin
Venz
7
Kartzitz
Moisselbritz
Grosow
Lübmitz
reesen
Silenz
Neu Kartzitz
4,5
lower
Presnitz
Schweikvitz
5
Gnies
51
Naturbühne
7
2
Gagern
Woorke
2
Ralswiek
3,5
Tschevitz
Kluis
7
Veikvitz
Patzig
56
apelle
Rügen Park
34
Lipsitz
Jarnitz
Gingst
Pansevitz
Ramitz
Thesenvitz
64
28
105
110
Strüssendorf
Haidhof
Boldevitz
Parchtitz

E

Varnkevitz
29
5
Fernlüttkevitz
Mattchow
4,5
Goorer Berg
Goor
36
Nobbin
E10
Drewoldke
Juliusruh
3
6
10
Schaabe
Glowe

F

Gellort
Arkona
Kap Arkona
Jaromarsburg
46
Putgarten
Vitt
Tromper

Wiek

Großer

Jasmunder

Bodden

58

A

1
Gellort
Kap Arkona
Arkona
Jaromarsburg
Putgarten
Varnkevitz
29
5
Vitt
Goor
Schwarbe
Fernlüttkevitz
15
Nonnevitz
Mattchow
4,5
Goorer Berg
kenberg
Gramtitz
23
Wollin
36
Starrvitz
Zühlitz
Nobbin
E10
Gudderitz
Presenske
2,5
2
Lanckensburg
W
Altenkirchen
2,5
Drewoldke
Juliusruh

T r o m p e r

Wiek
3
Breege
Zürkvitz
17
6
Lobkevitz
5,5
Breeger
6
Schmantevitz
Bodden
Wiek
hlendorf
Kammin
10
Parchow
Woldenitz
W
S c h a a b e
Glowe
10
23
Vieregge
Lebbin
Spyckers
See
Sp
Breetzer
Schloss Spy
Liddower Haken
Hochilgor
Grubnow
Großer
Polcho
4
Breetz
Liddow
Moor
44
Moritzhagen
Laase
Neuenkirchen
Jasmunder
N
Reetz
Libnitz
8,5
Zessin
Tetzitzer
Bodden
Jabelitz
Neuendorf
Tribbevitz
Tetzitz
45
Ganschvitz
9
Helle
Groß Banzelvitz
5
Zirmoisel
Bubkevitz
2,5
Rappin
Moisselbritz
6
Venz
7
Kartzitz
Grosow
Silenz
Lüßmitz
Schweikvitz
4,5
Lietz
Neu Kartzitz
Gnies
51
E22
8
Presnitz
2
5
Woorke
Naturbühne
58
Augustenhof
Gagern
3,5
6
7
Veikvitz
Ralswiek
34
Kluis
Patzig
16
56
Jarnitz
Gingst
Lipsitz
Thesenvitz
4
Pansevitz
Ramitz
64
Stedar
109
106
Boldevitz
4,5
Strüssendorf

B

C

D   **E**   **F**

3km

1

O S T S E E

2

★★
Lohme   Große
Ranzow   Stubbenkammer
Blandow   ▲74
Nardevitz   **2** ▲118 Königsstuhl   ★★
58 ▲   STUBBENKAMMER   Kleine Stubbenkammer
uschvitz   5   Nipmerow   Hagen   Victoria-Sicht
Baldereck   Herthasee
                              Nationalpark
Bobbin   Neddesitz   Gummanz   Piekberg   S t u b n i t z
Polkvitz   ▲ Jasmund-Therme   161▲   **Jasmund**
1,5   Groß Volksitz   Rusewase   Wissower
J   a   s   m   u   n   d   Promoisel   Klinken
56   Boxsport-   ★
3,5   Marlow   museum   Quatzendorf   Werder
Sagard   Klementel-   116 ▲ Buddenhagen
           Blieschow   vitz
1,5   Dobberworth   2,5
Borchtitz   Wostevitz   3   **SASSNITZ**
           96b 3,5   (25)
mper   E251   37 Mukran
        DUBNITZ   Trelleborg 4h (Eisenbahnfähre mit Autotransport)
          Fährhafen
          Sassnitz   Rønne (Bornholm) 3½h   **5**
Feuerstein-
felder   35   **NEU MUKRAN**   Klaipėda 18h
Kleiner   (Eisenbahnfähre mit Autotransport)
        6   P r o r e r
asmunder
           W i e k
                Eisenbahn-u.
                Technik-
                Museum Rügen   **6**
Bodden   Prora
       ░21   **107**   **111**

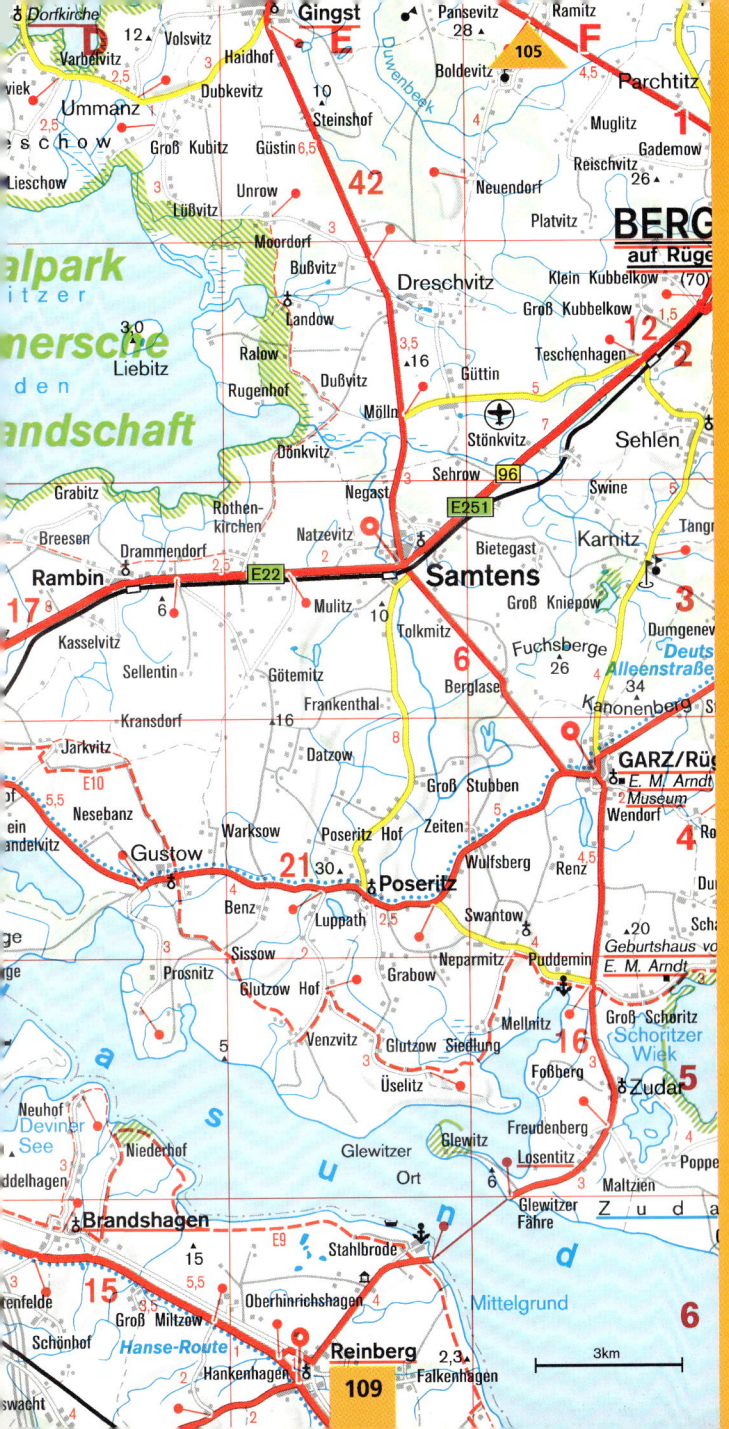

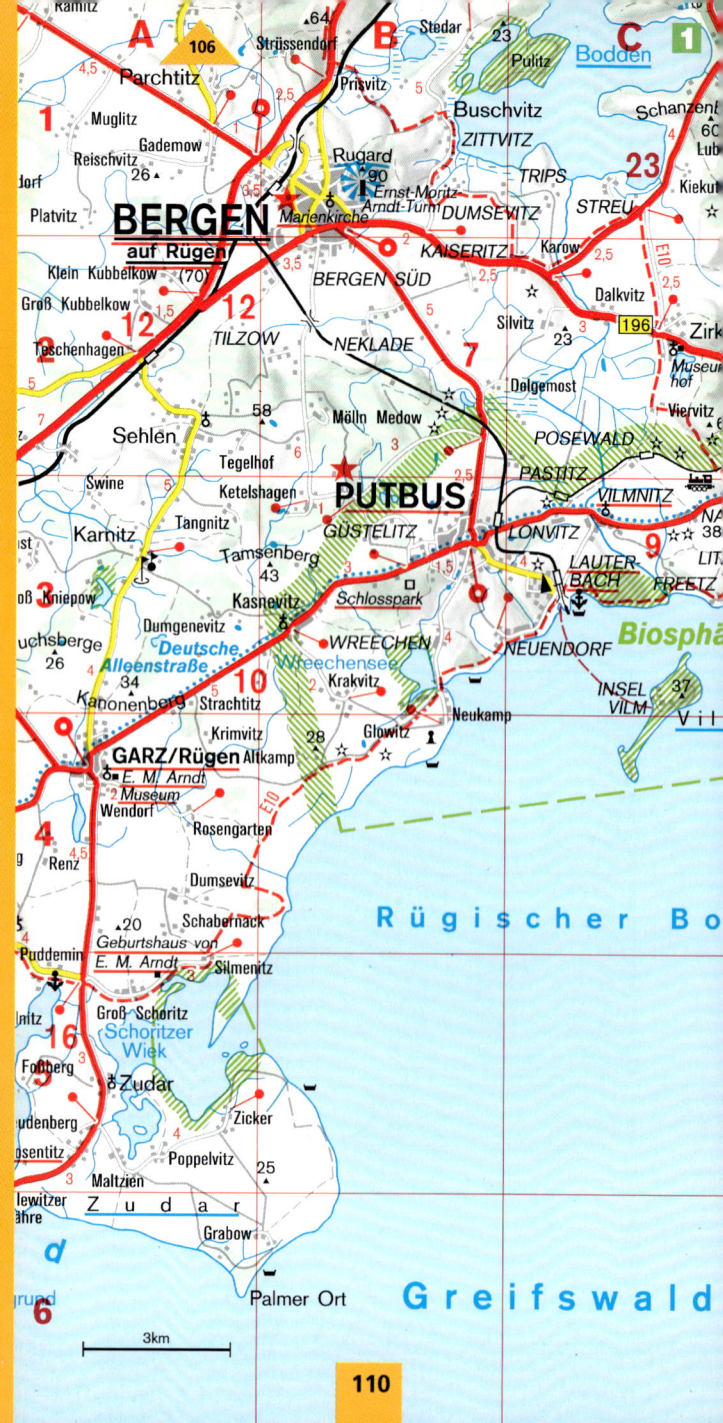

1

Binz
Seebrücke
Kurhaus
Silvitzer Ort
Kiekööver
Granitzer Ort
Schmachter See
Treppe
70
66
40

Max-Dreyer-Buche
Granitz-Hof
G r a n i t z
Kreuzeiche
Frankenberge
Forst Finnischer
Krieger
Werder
Naturschutzgebiet

2

Serams
88
104
Jagdschloß Granitz
"Rasender Roland"
25

Tempelberg
Hp. Garftitz
Kleinbahn
Neu Süllitz
Hp. Jagdschloß
Blieschow
82
20
Deutsche
Alleenstraße

3

Alt Süllitz
86
196
Garftitz
Lancken-Granitz
Altensien

1

Wandashorst
Stresower Tannen
Fünffinger
weg
NSG
Neuensiener
See
Neuensien
Goldbusch

Klein
Stresow
Ziegensteine
Burtevitz
Zernekow
Preetz
RRT

4

Dummertevitz
B i o s p h ä r e n r e s e r v a t
20
Seedorf
Weißer
Berg
Mors
Trep

FKK
Gobbin
Baaber Rin
Slaw. Burgwall 30?
Naturschutzgebiet
H a v i n g

5

Neu Reddevitz
12
22
Gobbiner Haken
Alt
Reddevitz

S ü d o s t -
20

6

R ü g e n
Reddevitzer Höft
Hagensche Wiek

111

Legende:

Pkw-Fahrverbot	
Wanderweg mit örtlicher Markierung	
Fahrradverleih, Radweg	
Radweg, schwer befahrbar !	
R R T	Rügener-Rad-Rundtour
Radfernweg Mecklenburgische Seenplatte-Stralsund-Rügen	
B	Bootsverleih
Gasthof bzw. Hotel	
Restaurant, Café	
Schutzhütte, Unterstand	
H	Omnibushaltestelle
★	Hünen- bzw. Hügelgrab
☼ ▭	Ringwall, Viereckschanze
Großsteingrab, Findling	
⋔	Museum

D   E   F

1 km

1

FKK **1**
Seebrücke
Kurverw
Hauptstrand
Quitzlaser Ort
Sellin
FKK
Südstrand

2

Selliner
See
Mönchgraben
Baabe
2.4
NSG

3

Baaber
Heide
Hp. Philippshagen
Personen-
fähre
Museumsschiff
Heringsgrab
196
NSG
Mönch-
Philipps-
hagen
Schulmuseum
Middelhagen
Schafberg
ndorf
Klein
Hagen
Gr. Lobber
See
2.2
g u t
Lobbe
Lobber Ort

Seebrücke
Göhren
Buskam
Mönchgut-Mus.
Heimatmuseum
46 NSG
Nordperd

Kläranlage
⋔ Museumsschiff Luise

B i o s p h ä r e n -

r e s e r v a t

S ü d o s t - R ü g e n

4

5

6

n.Greifswald, Peenemünde
n.Zinnowitz, Koserow

total relaxed in den urlaub: übung für fortgeschrittene

1. schliessen sie die augen und denken sie intensiv an das wunderbare wort „alles inklusive preise". stellen sie sich viele extras vor, die bei holiday autos alle im preis inbegriffen sind:

- unbegrenzte kilometer
- haftpflichtversicherung
- vollkaskoversicherung
- kfz-diebstahlversicherung
- alle lokalen steuern
- flughafenbereitstellung
- flughafengebühren

2. atmen sie tief ein und lassen sie vor ihrem inneren auge die zahlreichen auszeichnungen vorbeiziehen, die holiday autos in den letzten jahren erhalten hat. sie buchen ja nicht irgendwo.

3. nehmen sie ganz ruhig den hörer, wählen sie **0180 5 17 91 91** (24pf/min), surfen sie zu **www.holidayautos.com** oder fragen sie in ihrem reisebüro nach den topangeboten von holiday autos!

kein urlaub ohne

holiday autos

MARCO ⊕ POLO

Für Ihre nächste Reise gibt es folgende Titel:

Hier finden Sie alle in diesem Reiseführer erwähnten Orte, Sehenswürdigkeiten und Ausflugsziele, wichtige Sachbegriffe und Personen. Halbfette Seitenzahlen verweisen auf den Haupteintrag, kursive auf ein Foto.

Schreiben Sie uns!

Liebe Leserin, lieber Leser,

wir setzen alles daran, Ihnen möglichst aktuelle Informationen mit auf die Reise zu geben. Dennoch schleichen sich manchmal Fehler ein – trotz gründlicher Recherche unserer Autoren/innen. Sie haben sicherlich Verständnis, dass der Verlag dafür keine Haftung übernehmen kann. Wir freuen uns aber, wenn Sie uns schreiben.

Senden Sie Ihre Post an die MARCO POLO Redaktion, Mairs Geographischer Verlag, Postfach 31 51, 73751 Ostfildern, marcopolo@mairs.de

Impressum

Titelbild: Kreidefelsen auf Rügen (E. Wrba)
Fotos: Autor (2 o., 89); W. Dieterich (vorderer Umschlag l., vorderer Umschlag o., 1, 4, 17, 18, 20, 22, 33, 40, 68, 69, 72, 74, 80, 82, 84, 90, 94); HB-Verlag (vorderer Umschlag r., 2 u., 6, 9, 11, 12, 24, 25, 26, 27, 35, 37, 44, 49, 52, 57, 60, 62, 70, 77, 87, 92, 96); Mauritius: Waldkirch (76); promograph: Schmid (14); Schapowalow: Comnet (36), Mertens (30), Pratt-Priess (79), Schröder (64); E. Wrba (5 o., 5 u., 7, 28, 43, 67, 101)

8., aktualisierte Auflage 2002 © Mairs Geographischer Verlag, Ostfildern
Herausgeber: Ferdinand Ranft, Chefredakteurin: Marion Zorn
Lektor: Manfred Pötzscher, Bildredakteurin: Gabriele Forst
Kartografie Reiseatlas: © Mairs Geographischer Verlag/Falk Verlag, Ostfildern + Kompasskarten GmbH, Innsbruck
Gestaltung: red.sign, Stuttgart

Bloß nicht!

Tipps, die Sie vor ärgerlichen Erfahrungen auf Rügen, Hiddensee und in Stralsund bewahren sollen

Ohne Schein angeln

Angeln Sie bloß nicht ohne Fischereischein und Angelberechtigung! Das Angeln ohne Fischereischein gilt als Ordnungswidrigkeit, das Angeln ohne Angelschein dagegen ist handfester Diebstahl, der als Straftat verfolgt wird.

Bernstein mit Glas verwechseln

Gelbbraune Kieselsteine oder abgeschliffene braune Glasscherben sehen oft wie Bernstein aus. Ob ihr Strandfund wirklich Bernstein ist, lässt sich rasch feststellen: Durch Reiben an einem Kleidungsstück lädt sich Bernstein im Gegensatz zum Kieselstein oder Glas elektrostatisch auf und zieht Papierschnipsel an.

Dünen beschädigen

Das Betreten der Dünen ist nur auf den angelegten Wegen gestattet, denn die Dünen sind das erste Bollwerk gegen Sturmhochwasser. Keinesfalls dürfen Sie Burgen in den Dünen bauen, der Mindestabstand hierfür muss zum Dünenfuß 3 m betragen.

Den Naturschutz missachten

Meerkohl, Stranddistel und Orchideen üben auf viele einen magischen Reiz aus. Finger weg! Diese wild wachsenden Pflanzen stehen unter Naturschutz und dürfen weder ausgegraben noch ausgerissen werden. Auch den Horsten von Greifvögeln sollten Sie während der Brutperiode nicht zu nahe kommen: Schon bei geringen Störungen verlassen diese nämlich das Gelege. Das Bundesnaturschutzgesetz verbietet das Betreten der Brutgebiete und der Sammelplätze von Kranichen, auch die Vogelschutzgebiete sind tabu. Lassen Sie im Nationalpark Jasmund das Radio aus und bleiben Sie auf den Wegen. Ohne Genehmigung dürfen Sie auch die Insel Vilm nicht mit dem Boot anlaufen.

An Steilufern leichtsinnig sein

Kopf und Kragen riskiert, wer sich beispielsweise am Kap Arkona zu nah an den Rand des Steilufers wagt oder Kletter- und Rutschpartien unternimmt. Sturm und Regen nagen unaufhörlich am Kliff.

Strudel unterschätzen

An vielen Stellen bilden sich gefährliche Strudel, entsprechende Hinweise unbedingt ernst nehmen! So gibt es beispielsweise beim Buskam vor Göhren oder am idyllischen Südperd von Thiessow ein Badeverbot, ebenso wie 20 m links und rechts von Seebrücken und je 10 m beiderseits von Buhnen.